奇跡の20ヤードアップ

右手のゴルフ

片山　晃

祥伝社黄金文庫

はじめに

ボールを飛ばすには、どうしたらいいのか？

元プロ野球選手の古田《ふるた》敦也《あつや》さんが、こういっています。

古田さんといえば「フルタの方程式」などの著書もあり、理論派として知られている人です。その古田さんは低目のボールを打つとき、教える側は左手1本で打てというが、それは不可能だ。遠くへ飛ばすためには、やはり右手で打つ以外にない、と。

もちろん、これは野球の話ですが、私はゴルフも同じだと考えています。長年のレッスン、クラブのフィッティング経験から、男性の90パーセント、女性なら98パーセントの人が、体の右サイドを使ったスイングをしたほうがよいといえます。そのほうが短時間で簡単にゴルフが上達すると断言できます。

かつて、タイガー・ウッズの元コーチで、現在はフィル・

USE THE RIGHT HAND
MAINLY

ミケルソンのコーチを務めているブッチ・ハーモン。彼のＮＯ．１アシスタントである、レッスンプロのショーン・キャラハンが来日しました。その折に、ショーンと私のゴルフ理論の一致を確認することができました。たまたまショーンのレッスンを体験した生徒から、その内容が私のレッスンとほとんど同じだと聞かされたときは、さすがに驚きました。

数年前、スイング改造に取り組む往年のスター選手、セベ・バレステロスを見たことがあります。ドライバーからパターまで右手１本で素振りを繰り返していた姿は、いまも脳裏に焼きついています。

スイング理論は進化します。それはクラブの進化と大いに関係があります。そして、いまや右サイドで打つことが、もっとも合理的といえるまでになっているのです。

本書では、その「右手のゴルフ」を徹底解明します。

〈撮影コース〉
ケントスゴルフクラブ
（栃木県宇都宮市）

目次

目次

USE THE RIGHT HAND MAINLY

第3章 サンドウェッジ1本で覚える奇跡の寄せ

目次

目次

STAFF

企画プロデュース／須藤邦裕

執筆協力／舟山俊之

撮影／富士渓和春

イラスト／鈴木真紀夫

撮影協力／ケントスゴルフクラブ
（栃木県宇都宮市）

取材協力／グローブライド（株）
アーリーバードゴルフクラブ
癒流里　原 英樹
（株）祥プランニング・オフィス

編集協力／茂木宏一　白井秀樹
岩内布佐子

カバー・本文デザイン／石垣和美
（菊池企画）

＊片山 晃公式サイト
http：//www.migi-golf.com/

本書は、二〇一〇年三月、小社より単行本『奇跡の20ヤードアップ　右手のゴルフ』として発行された作品を加筆・修正し文庫化したものです。

序章

なぜ「右手」なのか？

Why do you use the right hand ?

スイング理論は、常に進化している。ビジェイ・シン、アニカ・ソレンスタム、そして横峯さくら。頂点に立つ者たちは、皆、右手の使い方の上手いプレーヤーなのである。

USE THE RIGHT HAND MAINLY

現在、主流となっているレッスンはみな間違っている

あなたは、こんなスイングをしていませんか？

バックスイングの始動では、胸と両腕で作る三角形をできるだけ崩さずに上げていく。

回転軸を意識して、肩を90度、腰を45度回す。

ダウンスイングで、右ひじは右脇腹に素早くつけて、タメを作る。

ヘッドアップしないで打ち終わってもボールのあった所を見続ける。

そして、アイアンはダウンブローに打つ。

もし、あなたが、こんなスイングをしていなければ幸いです。しているのなら即刻やめてください。このスイングが招く結果は、こうです。

胸と腕で作る三角形を崩すまいとして、手と体がバラバラのスイングの完成に向かって動き始め、肩を90度、腰を45度の教えを守ろうとして、体を回しすぎてクラブがスイングプレーンから外れてしまっています。

ダウンスイングでのタメは、振り遅れや、ダフる原因にしかなりま

USE THE RIGHT HAND
MAINLY

せん。それに、ボールを見続けていると、リバースピボット（ギッタンバッコン）になり、トップで体重が左足に残り、ダウンでは右足に残って、いわゆるギッタンバッコンのスイングにしかなりません。

それればかりか、フォロースルーでは体が不自然な逆C型になり、飛距離は出ません。下手をすると腰を痛めることになりかねません。それに、いまどきのアイアンでダウンブローにボールをとらえても、高く吹け上がって、やっぱり飛距離は出ないのです。

近年のゴルフクラブの進化には目を見張るものがあります。ドライバーでいえば、7.5センチ長くなり、およそ90グラム軽くなっています。ヘッドも大きくなって、重心距離は長くなっています。ヘッドが返りづらくなり、フェースが開いた状態で下りてきやすい設計になっています。

そうなんです、簡単に感じているだけで、実は「つかまり」の部分では難しくなっているのです。

「左手ではなく、右手で打つ」ことが合理的である

そんな、長くなって、重心距離も長くなった軽いクラブを左手主体で、体を回してクラブをタメて下ろして打てば、ボールはほとんど右にすっぽ抜けてしまう。それを矯正するとすれば腕のローリングを強くする以外にない。そうすると、クラブが軽いためにフェースが急激に返ってしまい、チーピンボールが出るというわけです。

それではどうすればいいのか。

「左手ではなく、右手で打つ」のです。

体を回転させないで、右手主体でスイングするのです。

そうすれば、最新のクラブの大きな慣性モーメントによる、芯を外しても飛距離をそこなわず、左右の曲がりが出にくいという最大の利点を手に入れることができます。

アイアンも同じです。右手主体で打てばいいのです。そのメリットでもっとも大きいのは、右手主体でヘッドがシャロー（ゆるやか）に入ってくるので、様々なライに対処しやすいことなのです。

いまや世界のレッスンプロたちの間でも「右手主導」のゴルフは主流になりつつある
タイガーの元コーチ、ブッチ・ハーモンのもとで働いたレッスンプロのショーン・キャラハンも「右手のゴルフ」を教えている

アニカ・ソレンスタムを最強の女子プロにしたのは〝右手〟だ

以前、1ヤードのアプローチが打てない女子プロがいました。原因は左手主体で打っていたからです。右手主体のスイングに変えたら、1ヤードきざみをらくらく打ち分けられるようになりました。

右手を主導にしたスイングのほうが、よく飛び、ピタリと寄る。これまで広くいわれてきた左サイド中心のレッスンは、今日のクラブの進化からいえば、過去のものになりつつあるといえそうです。

私はキャロウェイゴルフ勤務時代に、来日した最盛期のアニカ・ソレンスタムのラウンドについて回り、ビデオを撮ったことがありました。そこから発見できたものは、正に右手が主導のスイング。右の手打ちというものでした。アニカは、実に上手く右サイドを使っていたのです。アニカの特徴といえる〝ルックアップ〟。彼女自身は〝ターンヘッド〟といっていますが、あの動きは、右の手打ちによる当然の結果なのです。左サイド中心のスイングでは、あの〝ターンヘッド〟はできません。アニカ・ソレンスタムはお手本のひとりです。

USE THE RIGHT HAND
MAINLY

かつてはアニカもインパクトまで頭を残して、フォローで逆C型になっていた。それを修正し、インパクト時に目標へ顔を向けることで最強のプレーヤーになった。自分のゴルフをよくする探究心が、このスイングにたどり着かせた

テニスのように目標方向を見てしまうことがポイントなのだ

ＪＬＰＧツアーの女王・横峯さくらの飛ばしの秘密も〝右手〟だった

もうひとり、右手の使い方の達人は横峯さくらです。横峯の飛距離が伸びたのは、高校２年生の春だといいます。足の靭帯《じんたい》を切ってギプスをしていたとき、お父さんからイスに腰かけてボールを打つ練習をしろといわれ、毎日５００球、イスに座ったまま自動ティアップ打席で打ち続けたそうです。ケガが治った後、飛距離が20ヤードも伸びていたそうで、イス打ちによって、飛ばしにいちばん必要な腕の使い方が身についたのです。バックスイングでは右腕をたたんでコックを作り、フォローでの左腕のたたみはヘッドを走らせることにつながります。イス打ちは右サイドを上手く使わなければ打てません。右手の正しい使い方をマスターすれば、もっと飛ばせるようになるのです。

欧米人はナイフとフォーク、銃、タイプライターと、両手の文化で育ってきました。それに対して私たち日本人は、箸、筆、算盤《そろばん》、刀と、右手の文化の中で暮らしています。つまり、日本人は右手を使えばゴルフがもっと上手くなるはずです。

USE THE RIGHT HAND MAINLY

トップから一気に腕を大きく使うスイング。右手を巧みに使っている

もう顔は目標方向を向きはじめているが、右手を使っている証拠でもある

COLUMN 1

20ヤードアップとスコアアップを実現する「右手のゴルフ」は、難しくない

これから私がレッスンする「右手のゴルフ」とは、いい換えると、左手を使わないゴルフということになります。

コースであれ、練習場であれ、ショットが上手くいかない原因は、左手にあると思います。左手がスイングを邪魔している。つまり、左手が右手の邪魔をしている結果なのです。ダウンスイングで左肩が下がり、ダフったりフェースが開いたりする。手が先行して振り遅れてしまうのも左手のせいです。

では、ためしに左手、左腕の力を抜いてスイングしてみてください。このとき、左手、左腕に入れる力を０《ゼロ》にしてボールを打つことが肝心です。どうですか？　きっとあなたは、何かをつかんだはずです。つかめなくても何かを感じたはずです。

それを繰り返し練習して、１００を切るのがやっとだった56歳の私の生徒は、たった６ヵ月でシングルになり、彼はゴルフ雑誌で紹介されたほどです。さあ、あなたもいまからすぐに始めましょう。

第1章

7番アイアンで右手スイングを作る

Perfect shot
Chance for birdie !

14本のクラブの真ん中の7番アイアンが、右手の基本スイングをマスターするには最適です。きっとあなたは、その飛びと打感に驚くことでしょう。ここからすべてが始まります！

USE THE RIGHT HAND MAINLY

右手で飛ばすための唯一のグリップの握り方はコレだ

右手を主体にして、効率的に飛ばすスイングを行なうには、まず正しいグリップを覚える必要があります。私が考える正しいグリップとは、〝右手の感覚を生かせる握り方をする〟ということです。

その方法ですが、人差し指の付け根から、小指の下側にあるふくらみにかけて、手のひらに対して斜めにグリップをあてて握ります。これは右手も左手も同じです。

左手の指の付け根に沿ってグリップをあて、手のひらに対して直角に握るという理論もありますが、これだと親指が伸びた、いわゆる〝ロングサム〟になり、手首の動きが制限されてしまいます。

手のひらに対して斜めに握ると、指が短く収まる〝ショートサム〟のグリップになります。たとえば、車のハンドルを握るときは、ショートサムで握っているはずです。それが手の感覚を生かしやすい、自然な握り方だからです。

ゴルフのグリップも同じ。手のひらに対して斜めにグリップをあて、ショートサムで握ることで、より右手の感覚を生かせるのです。

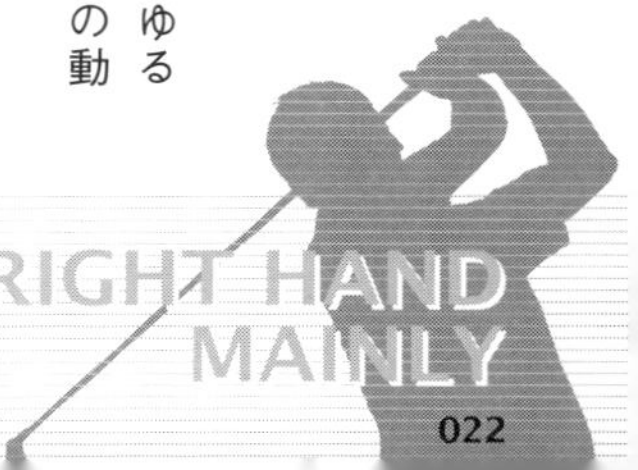
USE THE RIGHT HAND
MAINLY

右手のひらに対し、人差し指から小指にかけて、グリップを斜めにあてがう

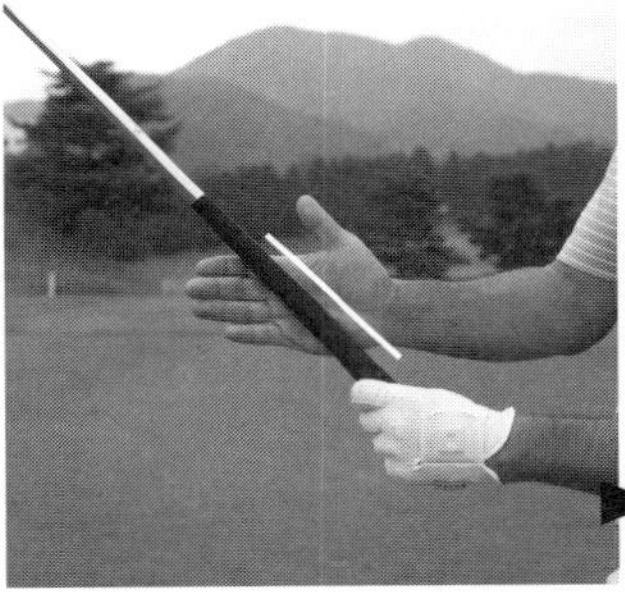

グリップを手のひらに斜めにあてがった状態から、包み込むようにソフトに握る

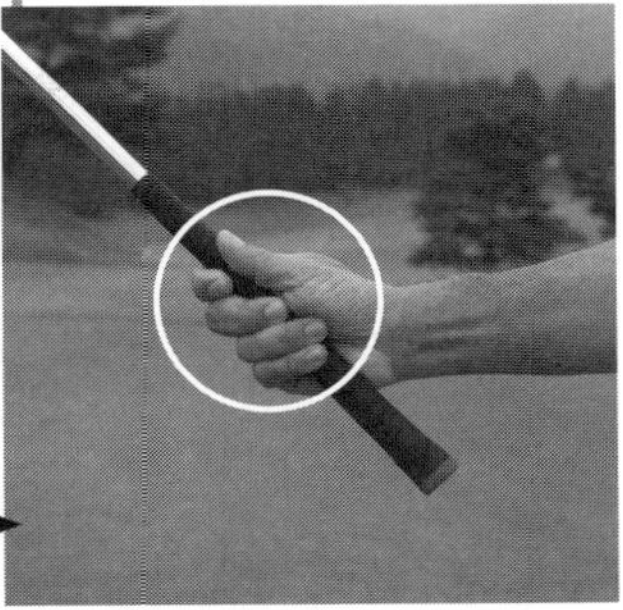

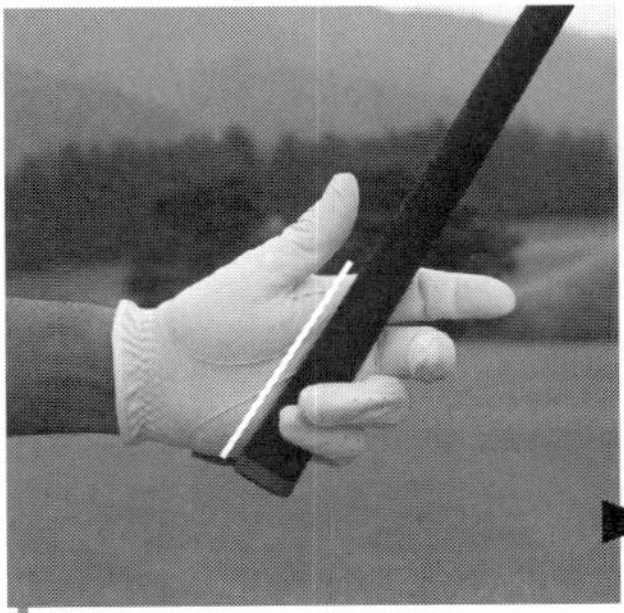

左手のグリップも手順は右手と同じ。手のひらに対して、グリップを斜めに通す

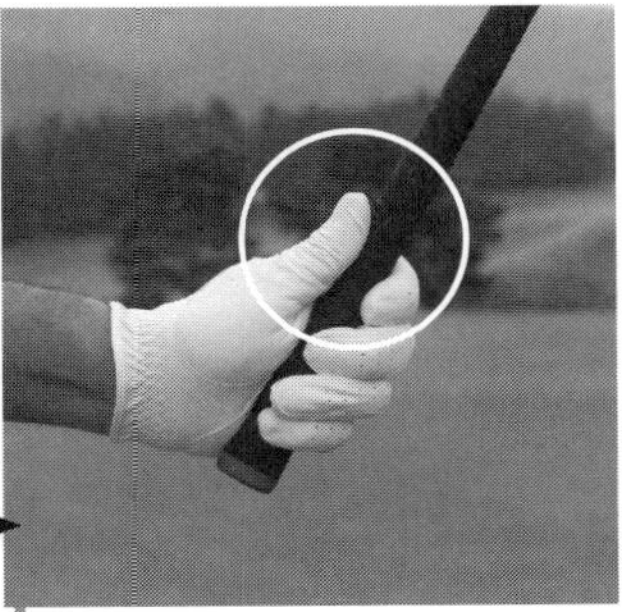

親指が伸びたロングサムではなく、短いショートサムになるのが、正しい左手のグリップ

グリップは指の付け根で握らない

NO やってはいけない

右手のひらの指の付け根に沿って真っすぐ握ると、グリップしたときに手のひらが余ってしまう。腕に余計な力が入り、力みにもつながる。

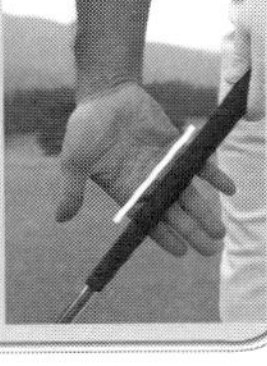

ロングサムのグリップは手首を固める

NO やってはいけない

クラブを握ったときに親指が長く伸びるロングサムのグリップだと、手首の動きが制限されてしまう。ヘッドを走らせるには不向きのグリップ。

2

右手も左手も、ゆるゆるに握るのが飛ばしのコツ

グリップでは、左右の手首の正しい動きを妨げない握り方ができているのかも、重要になります。

ゴルフスイングにおいて、左右の手首の役目（使い方）は違います。

まず左手は親指方向に曲げるように、縦にコッキングさせるのが正しい使い方です。

左手を開いて握るウィークグリップや、手の甲が上を向くようなストロンググリップだと、縦のコッキングがしにくくなってしまいます。グリップを上から見たときに、ナックルが2つ見えるぐらいに握ると、縦のコッキングが使いやすくなります。

一方の右手は手の甲やひら側に折るように動かします。これは左手のコッキングに対して、〝ヒンジング〟と呼ばれる動きです。

右手は左手の親指を包み込むように握りますが、人差し指と中指は離さずに握ってください。

手とグリップの間は密着させすぎず、適度な隙間ができるくらい、ソフトに握ったほうが、手首をやわらかく使うことができます。これで正しいグリップは完成です。

USE THE RIGHT HAND MAINLY

右手の親指はグリップの真上に乗せず、側面に添える。右手のV字は右肩からあごの間を指す

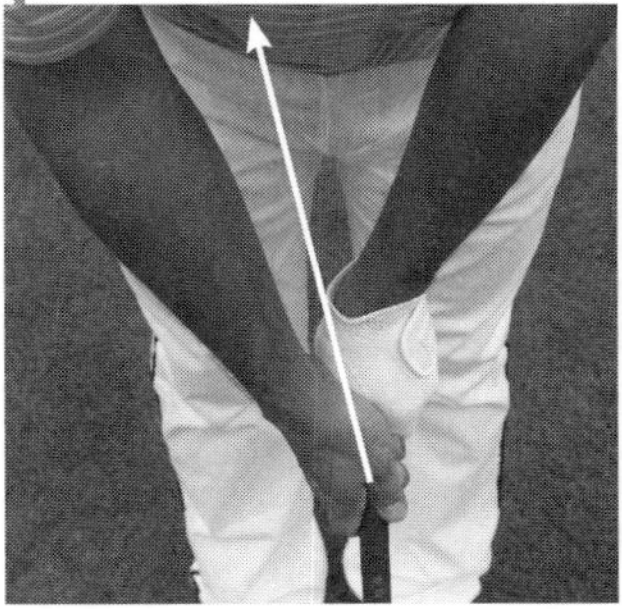

右手の人差し指はピストルの引き金のように離さず、中指にくっつけてグリップ

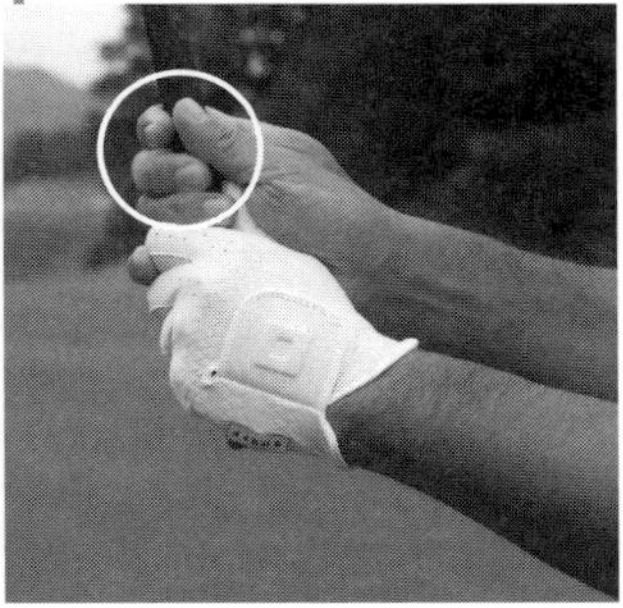

グリップは目一杯の長さで握るのではなく、指1〜2本分短くしたほうが安定する

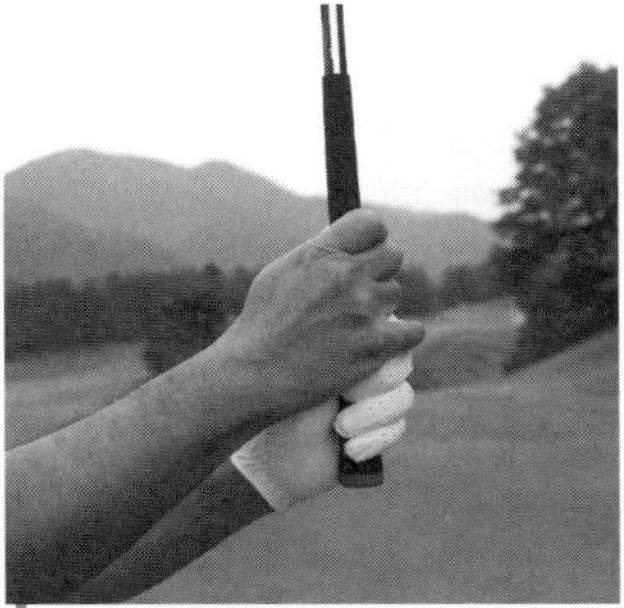

写真はオーバーラッピンググリップだが、インターロッキングでも基本の握り方は同じ

右手グリップは人差し指と中指を離さない

NO やってはいけない

右手の人差し指を離し、ピストルの引き金のように握る“トリガー”グリップは、右手でヘッドを返すローリングの動きが出やすいので注意。

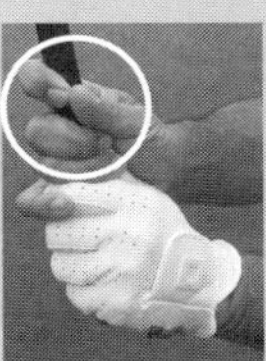

密着させすぎず、余裕を持たせてグリップ

POINT ここに注目

グリップを握るときは、適度な隙間を作ってあげたほうが、手の繊細な感覚が生かせる。他人から引っ張られたら、抜けるくらいでいい。

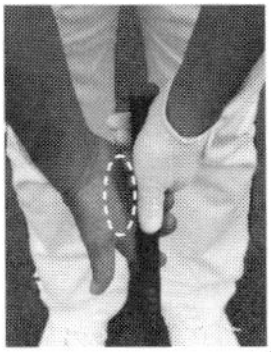

右サイドが使いやすいアドレスを実感しよう

グリップが完成したら、次は正しいアドレスの作り方です。

もちろん、ここでいう正しいアドレスとは、右サイドが使いやすい構えということになります。

アドレスではお尻を後ろに突き出すようにして、背筋をピンと伸ばして構えろとよくいわれますが、これだと上半身と下半身にそれぞれ回転軸ができてしまい、スムーズにスイングができません。

たとえば、重い物を地面から持ち上げるとき、お尻を突き出して、背筋をピンと伸ばしてしまうと、とても重く感じるはずです。それは上半身と下半身が正しく連結されていないので、腕力だけで持ち上げなくてはいけないからです。

重い物を持ち上げるときは、お尻を突き出さず、背筋を少し丸めるようにしたほうが、少ない力で持ち上げることができます。

アドレスでも左右の肩甲骨を広げるように、背中を丸くして構えたほうが、上半身と下半身を連動させることができると同時に、肩の可動域も大きくなるので、よりパワーが出せるのです。

USE THE RIGHT HAND
MAINLY

キャディバッグなど、何か重い物を地面に置き、それを両手で上に持ち上げてみよう

スッと持ち上げてみると、背筋は決して伸びず、少し猫背気味に曲がっているのが正解

何かを持ち上げようとするとき、背筋を伸ばしてしまうと、上半身に余計な力が入る

下半身が使えず、上半身の力だけで上げなくてはいけないので、重く感じるはずだ

NO やってはいけない

背筋をピンと伸ばした構えは手打ちになる

お尻を後ろに突き出し、背筋を伸ばした構えでは、上半身と下半身で別々の回転軸ができてしまう。筋肉が連動せず、手打ちになりやすい。

POINT ここに注目

再現性の高いスイングには、猫背アドレス

背中に湾曲を作るように、猫背気味にアドレスをすることで、上半身と下半身が連動して動く。体とクラブを同調して動かしやすくなる。

スタンスひとつで骨盤を開き股関節に体重が乗る

次にアドレスするときの、スタンスの取り方について、説明していきましょう。スタンスで重要なのは、両ひざと両つま先の向き、そしてひざの角度です。

まずひざの向きですが、体の正面に真っすぐ向けるのではなく、ほんの少しガニ股に開く感じで、外側に向けてください。そしてつま先もひざと同じ方向に向けます。

なぜそうするかというと、ひざとつま先を開くことによって、その上にある骨盤が開いた状態になるからです。骨盤が開いていると、アドレスで股関節に体重が乗りやすくなるので、体重移動をスムーズに行なうことができます。

次にひざの角度ですが、ピンと脚を伸ばした状態から、ひざを少しゆるめる程度で、それ以上に曲げる必要はありません。

ひざを深く曲げて構えると、下半身が安定する反面、手打ちになりやすいのです。

またスイング中にひざの角度が変わることで、アドレスの前傾角度も崩れやすく、ミスの原因にもなるので注意してください。

USE THE RIGHT HAND
MAINLY

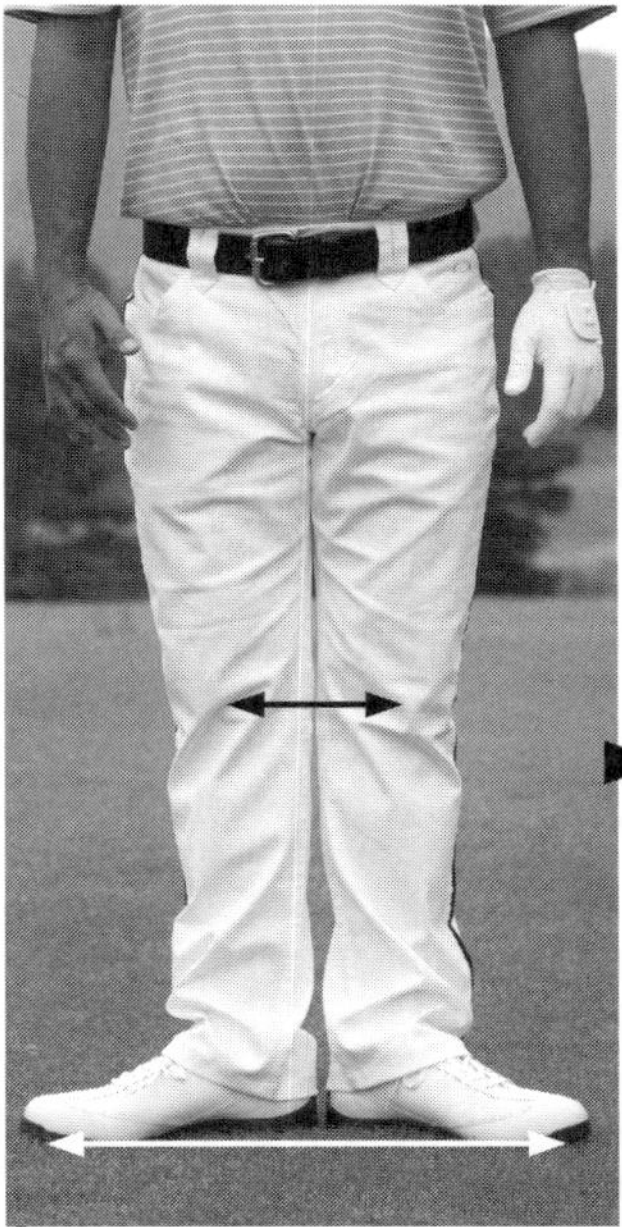

直立してかかとをぴったりつけた状態から、つま先をできる限りの範囲で大きく開く

つま先→かかとの順番で足を開いてスタンスを取ると、骨盤が開いた状態で構えられる

アドレスでひざは深く曲げすぎない

NO やってはいけない

ひざを深く曲げ、椅子に腰掛けるようにアドレスしているアマチュアは多い。これでは下半身を使うことができず、手打ちにしかならない。

両ひざを内側に絞ると、体重移動がしにくい

NO やってはいけない

ひざを内側に絞ってしまうと、その上にある骨盤は閉じた状態に。左右の体重移動がしにくくなるので、飛ばしに必要なパワーが不足する。

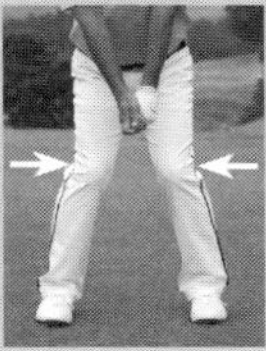

5

飛ばすためには、肩の可動域を大きくする。そのために――

肩の可動域を大きくするには、アドレスでの腕のポジションも重要になります。

先ほどもいったように、アドレスでは背筋をピンと伸ばすのではなく、少し猫背ぎみに背中を丸めて肩甲骨を広げてあげたほうが、肩関節の可動域は大きくなります。

いわゆる〝気をつけ〟の姿勢をするときのように、腕を体の横につけた状態では、肩甲骨を広げて構えることができません。

ボールとの距離が近すぎて、棒立ちのアドレスになっているアマチュアが多いのは、この腕のポジションが間違っているからです。

肩甲骨を広げた状態でアドレスするには、両腕を体の前に置き、上から胸を押さえつけるように構えましょう。

ためしてみるとわかりますが、腕を体の横につけたときより、胸を押さえるように腕を前に出したほうが、腕を上げたときにスムーズに高く上がります。

アドレスでは、常にこの腕のポジションが正しい場所に収まるように意識しましょう。

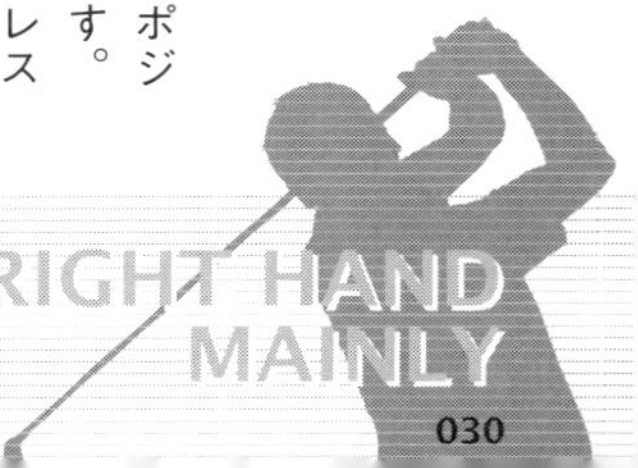

USE THE RIGHT HAND MAINLY

腕が耳に触れるぐらい高く、地面と垂直に左腕を上げる。右手は左胸に添えておく

左の状態から腕を真っすぐ下ろし、右手を脇で軽く挟む。これが左腕の正しいポジション

NO

やってはいけない

腕が体の横だと、肩甲骨が閉じ、棒立ちになる

体の側面で両脇を締めようとすると、肩甲骨が閉じた状態になり、可動域が狭くなる。ボールとの距離も近づき、棒立ちになりやすい。

POINT

ここに注目

両腕が体の前で脇を締めれば、肩甲骨は開く

肩甲骨が開いた状態で構えることができれば、股関節からの前傾もしやすい。体重も足の母《ぼ》指《し》球《きゅう》にかかり、動き出しやすいアドレスになる。

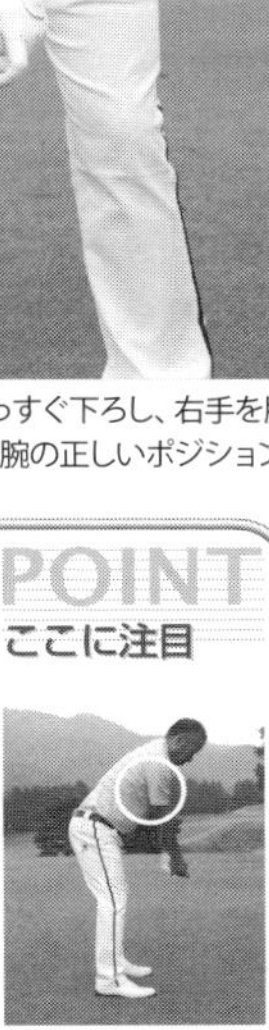

7番アイアンでの左右の体重配分は5対5、ボールはスタンス中央

ここまで説明してきたグリップ、ポスチャー姿勢を組み合わせたものが、〝右サイドが効果的に使える〟正しいアドレスになります。

では、7番アイアンで実際にボールを置いてアドレスをしてみましょう。股関節から体を前傾させ、上から胸を押さえるように腕を体の前に置いてグリップします。

今までより体とボールの距離が遠く感じる人も多いかもしれませんが、これが右サイドを使うための正しい体とボールの距離です。

7番アイアンの場合、グリップエンドと体の間隔が、こぶし2個分というのが目安になります。

体重のかけ方は、7番アイアンで左右5対5の体重配分になります。アイアンは左足体重が常識とされていますが、それでは左サイド主体のスイングになるので、方向性はよくても飛距離を出すのが難しくなります。

ボールの位置は7番アイアンからピッチングウェッジまではスタンスの中央。これを基準にクラブが長くなれば左に、ＳＷやＡＷになれば右に寄せていきます。

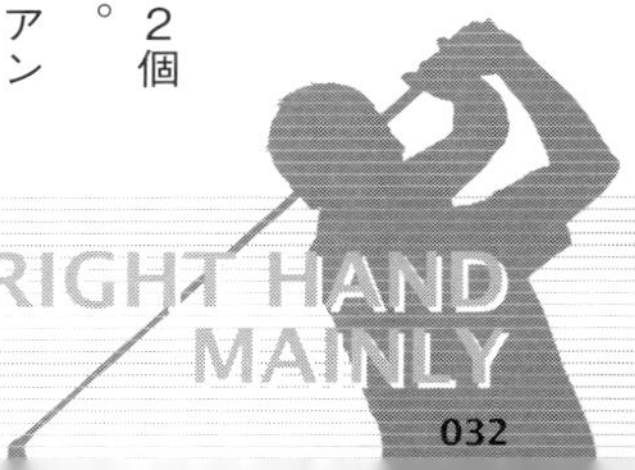

USE THE RIGHT HAND MAINLY

7番アイアンでボール位置はスタンスの中央。左腕とクラブが一直線になる

体とグリップエンドの間隔はこぶし約2個分。両腕は肩から地面に向かって垂直に下ろす

アドレスではかかとに体重を乗せない

NO
やってはいけない

股関節から前傾しないと、アドレスでかかと体重になりやすい。体とボールの距離が近づきすぎ、窮屈で動きにくいアドレスになってしまう。

アドレスで右肩は左肩より低くなる

POINT
ここに注目

7番アイアンでも、体重は左足にかけず、左右均等か少し右足寄りに。アドレスで右肩が少し下がっているのが、右サイドを使える正しい構え。

トップで右脇を締めないことが、右サイドのパワーを生み出す

右手で打つといわれても、なかなかイメージがつかみにくいという人も多いでしょう。

たとえば、机やテーブルを横に動かそうと思ったら、左手の甲で押すより、右手のひらで押したほうが、力が入るはずです。

ゴルフでも、左手で打つより、右手を主体にしたほうが、よりパワーを出せて、ボールを遠くに飛ばすことができます。

ただし、右腕の使い方が間違っていると、せっかくのパワーを生かすことができません。

右サイドを正しく使うためのポイントは右ひじの角度です。トップで腕を振り上げたとき、右脇を締めてしまうと、アドレス時の前傾角度が起きてしまい、右手で強く叩くことができません。

右手を自由に使うと、インパクト直前から左脇は自然に締まります。

腕が高い位置に上がれば、前傾角度が変わらず、ダウンスイングでテークバックと同じ軌道に右手が下りてくるので、ボールを正確に強く叩くことができるのです。

USE THE RIGHT HAND
MAINLY

右脇を無理に締めずに、ひじを高い位置にキープする意識でバックスイングしよう

トップが高い位置にあれば、右サイドを有効に使えるので、インパクトで強く叩ける

トップで手が高い位置にあると、重力も利用できるので、より大きなパワーを生み出せる

ダウンスイングでクラブが立って下りてくれば、インパクトでフェースはスクエアに戻る

スイング中に右脇を締める意識は必要ない

NO やってはいけない

テークバックで右脇を締める意識が強いと、バックスイングでクラブがフラットに上がる。トップも低くなり、右手を有効に使えない。

クラブが寝ると右手で強く叩けない

NO やってはいけない

右脇を締めた低いトップでは、ダウンスイングでクラブが寝て下りやすくなる。インパクトではフェースが開くので、右手で強く叩けない。

8

右手ゴルフは連続写真を見ればよくわかる!! [7番アイアン]

USE THE RIGHT HAND MAINLY

右サイドしか意識していないスイング。7番アイアンのわりには、体重が右に残っている。

これが、「右手のゴルフ」の特徴のひとつである。インパクトを見るとはっきりわかることがある。ダウンブローに打っていないことだ。

左サイドを使って打つと、こうはいかない。もっとハンドファーストになり、ダウンブローに入ってくるはずだ。そんな動きは微塵《みじん》もないスイングである。ターフもまったく取れていない。

あごを引かない。左サイドの意識をなくしてアドレスを完成させる

ここからは実際に右手で打つための動きを、スイングの段階ごとに説明していきましょう。

使用するクラブは7番アイアン。7番アイアンは14本の中で中間に位置するので、基本のスイングを覚えるには最適です。

アドレスは先ほどの繰り返しになりますが、まず股関節から上体を前傾させます。お尻を突き出すようにして、背筋をピンと伸ばすのではなく、少し猫背ぎみに肩甲骨を開く意識を持ってください。

ここでひとつ注意したいのが、あごを引いて構えないことです。あごを引くと、胸を張るようなアドレスになりやすく、肩甲骨も開きにくくなります。

直立姿勢のときの自然な首の角度を保ったまま、上半身を前傾させるイメージを持ってください。

またアドレスでは体の中心から左サイドの意識をなくすことも大切です。左手ではなく、右手でクラブを握る意識を持ち、体の右サイドに意識を集中させるのです。

これで右サイドを主体に振るアドレスの完成です。

USE THE RIGHT HAND MAINLY

アドレス

グリップは左ももの内側にセット。体重は左にかけず、左右均等か若干右足寄りにかける

股関節から上半身を前傾させ、ひざは軽くゆるめる程度で、深く曲げる必要はない

椅子に腰掛けるイメージは棒立ちアドレスになる

NO
やってはいけない

ひざを深く曲げ、後ろにある椅子に腰掛けるような感じでアドレスしているアマチュアの人をよく見かけます。しかしこれでは写真のように棒立ちのアドレスになってしまい、正しい前傾姿勢を取ることができません。体重はかかと側にかかり、体とボールの距離も近くなりすぎるので、スイングも窮屈になってしまいます。アドレスではしっかり股関節から前傾し、ひざを曲げすぎないようにしましょう。

体重を股関節に向けて移動させるだけで、クラブは正しく動き出す

正しいアドレスができたら、次はスイングの始動です。

ボールに対してアドレスした後、なかなか動き出せずにモジモジしたり、固まってしまうアマチュアの人をよく見かけます。

スムーズにスイングが始動できないのは、手先でクラブを上げようとするのが原因です。手先でクラブを上げる意識では、スムーズに動き出せないうえに、ヘッドの動きも安定しないので、ミスショットが出やすくなります。

スムーズにスイングを始動させるには、手先はいっさい使わず、アドレスで左右均等に置いた体重を、右の股関節に向けて移動させるイメージを持ちましょう。

ためしに、クラブを持って体を左右に揺さぶってやると、手は動かさなくても、体重移動につられて、クラブが勝手に動き出します。

この動きを利用してあげれば、スムーズにスイングをスタートさせることができます。

また体重もしっかり右足に乗るので、右サイドを使ったスイングがしやすくなります。

USE THE RIGHT HAND
MAINLY

スイングの始動

左から右への体重移動でテークバックを開始。手先を使わずに、ヘッドを低く長く動かす

手先を使わなければ、テークバックの初期段階でフェースはボールを向いたまま上がる

テークバックの始動から手先でクラブを上げない

NO やってはいけない

テークバックのスタートから手首のコッキングを使って、手先でヒョイとクラブを上げてしまうのは、手先でクラブを操作しようとする意識が強いためです。手先で上げてしまうと、バックスイングで体重移動ができないので、右サイドを主体にしたスイングができません。クラブヘッドが最初に動き出すのではなく、左から右へ体重を移動した後に、遅れてヘッドが動き出す意識を持ちましょう。

クラブが右ひざの前を通過したら右手でクラブを上げていく

　手先をいっさい使わず、左から右への体重移動を利用してスイングを始動させたら、ここからは右手の出番です。

　体重移動の勢いで自然に動き出した手が、ちょうど右ひざの前を通過したあたりから、右手でクラブを上に引き上げていきます。

　もちろん、右サイドを主体にしてスイングをするのですから、左手で上げるイメージはいっさい必要ありません。

　昔から、「スイングは左手リード」とよくいわれますが、このイメージではバックスイングでクラブがインサイドに低く上がりやすく、スイングプレーンからも外れてしまいます。また上半身の前傾角度も崩れやすいので、ミスショットにつながります。

　左手を主体にして、左サイドを押し込むイメージではなく、右サイドを後ろに引くようにして、右手を主体にクラブを上げる意識を持ってください。

　これなら前傾角度が変わらずに、クラブがスイングプレーンから外れることもありません。

USE THE RIGHT HAND MAINLY

バックスイング

グリップが右ひざの前を通過したら手首のコッキングを使って、クラブを上に引き上げる

左サイドを押し込む意識は持たない。右サイドを一体化させて、後方に引くイメージ

左腕を伸ばして肩を回すと、オンプレーンから外れる

NO
やってはいけない

左腕を真っすぐ伸ばして左肩を回す。多くのアマチュアがそういう意識でバックスイングしているはずです。体にとってはとても苦しい動きなので、パワーが溜まっているように感じるかもしれません。しかし実際にこの意識でバックスイングすると、クラブは極端にインサイドに上がり、前傾角度も崩れやすくなります。クラブがオンプレーンから外れてしまうので、スイングの再現性も低くなります。

右手でクラブを上げると同時に右の肩と腰も一緒に回そう

バックスイングでは、左腕をピンと伸ばして上げろ、とよくいわれますが、これも左サイドを主体にしたスイングのイメージです。

もちろん私が推奨する右手スイングでは、左腕を伸ばすイメージはまったくありません。

アドレスのときにもいいましたが、体の中央から左サイドの意識を消し、バックスイングも右サイドを主体に上げていきます。

ただし、右サイドで上げるといっても、右手でヒョイとクラブを上げるようなバックスイングをしてはいけません。

また腰を正面に向けたまま、上半身だけをねじるようなイメージとも違います。これだとバックスイングで十分に右サイドに体重を乗せることができません。

テークバックで手が右ひざの前を通過したら、右手でクラブを引き上げると同時に、右の肩と腰も一緒に右に回転させます。

こうすることでバックスイングではしっかりと右に体重が乗り、右サイドを主体にしたスイングイメージも湧きやすいはずです。

USE THE RIGHT HAND
MAINLY

バックスイング

右サイドを一体化させてバックスイング。右の股関節の上で体を回転させるイメージ

右肩、右腰を同調させるように一緒に動かす。クラブは自然にプレーンに乗ってくれる

下半身を止める意識は手打ちスイングにつながる

NO やってはいけない

バックスイングで腰から下の下半身を固定したまま、上半身だけをねじろうとするのは間違いです。上半身に頼ったバックスイングでは、クラブがアップライトに上がりやすく、スイングプレーンから外れてしまいます。左から右への体重移動もしにくいので、左足にウェイトが残りやすくなります。バックスイングでクラブが地面と垂直に立ってしまう人は注意しましょう。

13

トップで右脇を締めないことが飛ばすための重要なポイント

右手を使ったスイングイメージの項でも説明しましたが、トップオブスイングでは、右ひじの角度が重要なポイントになります。

繰り返しになりますが、バックスイングで右ひじを内側に絞るように上げ、トップで右脇を締めてしまうと、クラブがインサイドに低く上がり、上半身の前傾角度が起きやすくなります。

前傾角度が崩れれば当然、クラブはスイングプレーンから外れ、インパクトでアドレスの位置に正しく戻すことが難しくなります。

トップで右脇があいて、右ひじが浮くことを、ゴルフ用語では、〝フライング・エルボー〟といい、従来の理論では悪い形とされてきました。しかし右サイド主体のスイングでは、むしろ右脇があいて、右ひじが浮いているほうが正しいトップの形なのです。

トップで右脇を締めないことが、右サイドを主体にスイングするための重要なポイントになります。

スイング作りの段階では、常にトップでの右ひじの角度に意識を置くようにしてください。

USE THE RIGHT HAND MAINLY

トップ オブ スイング

右サイドを主体に体を回す意識を持てば、体重が右に乗り、自然と左肩も入ってくる

トップでは右脇を締めずに手を高い位置にキープ。左腕のラインとボールは直線上に揃う

トップの位置が低すぎるとスイングが複雑になる

NO やってはいけない

テークバックからバックスイングで右脇を締める意識が強いと、クラブはインサイドに引かれてスイングプレーンを外れ、トップの位置は低くなります。またフェースがシャット(閉じた状態)になるので、インパクトでスクエアに戻そうとして、ダウンスイングではフェースが開いて下りてきます。このような低いトップ位置では、スイングがとても複雑になり、よいショットを打つのが困難になってしまいます。

右サイドで打っていくための切り返しの方法

アマチュアゴルファーの方にレッスンをしていると、

「どこから切り返したらいいのか、どうもよくわからない」

という悩みをよく聞きます。

これはスイングの始動のときと同様、手先でクラブを操作する意識が強いのが原因です。

左から右への体重移動でスイングを始動したのと同じように、トップからの切り返しも体重移動を利用して行なうことで、スムーズにできるようになります。

具体的なイメージとしては、クラブをトップの位置に置いたまま、バックスイングからトップで右足の小指の付け根に乗った体重を、左足の親指の付け根に向かって、直線的に移動させます。

体重を移動せずに、トップからいきなり体を回転させてしまうと、手が振り遅れたり、クラブが外から下りてきやすくなるので、ミスが出やすくなります。

右から左に体重を移してやれば、手はなにもしなくても、クラブは自然と下りてくるので、切り返しがとてもスムーズになります。

切り返し

右から左への直線的な体重移動で、自然にトップからの切り返しが行なわれるのが理想

手先でクラブを下ろさないから、オンプレーン上からクラブが外れることがない

切り返しから左腰を回すとカット軌道のスライスに

NO やってはいけない

トップからの切り返しをいきなり腰の回転で行なってしまうと、ダウンスイングの早い段階で左の腰が引けた状態になります。左腰が引けるとクラブが外から急角度で下りてくるアウトサイドインのカット軌道にしかなりません。これは左サイド主体のスイングをしている人に多く見られます。ボールがいったん左に飛び出してから、急激に右に曲がるスライスボールが出る人は注意しましょう。

15

右ひじを早くリリースさせ　クラブを真下に下ろせ

　右から左への体重移動を利用してスムーズに切り返し、ダウンスイングの段階に入ったら、ここからは右手を主体にクラブを下ろしていきます。そのポイントは右ひじの使い方にあります。

　ダウンスイングでは右ひじの角度をキープしたまま、体の前に絞り込むようにして下ろすのが、これまでは常識といわれてきました。

　これがいわゆるダウンスイングの〝タメ〟といわれるものです。

　ヘッドが小さく、重心も高かった以前のクラブでは、左サイドを主体にタメを作って上からヘッドを入れ、ボールにスピンをかけるような打ち方をしないと飛ばすことができませんでした。しかし格段に進歩した最新のクラブに、タメを作る打ち方は必要ありません。

　ダウンスイングでは、無理にタメを作ろうとせず、右の腰と肩を一緒に回しながら、右ひじを早めにリリースして、クラブを真下に下ろしていきます。右サイドを主体に、ゆるやかな軌道でボールをとらえてあげることが、最新のクラブを使いこなすコツなのです。

USE THE RIGHT HAND MAINLY

ダウンスイング

右ひじ→手首の順にリリースし、ヘッドを真下に落とせば、入射角はゆるやかになる

上半身や下半身だけが先行してはいけない。右サイドを一体化させて、振り下ろしていく

タメを作るスイングは最新のクラブには不向き

NO やってはいけない

ダウンスイングで右ひじを体の前に絞り込むように下ろし、手首のコックもインパクト寸前までほどかない。いわゆるダウンでタメを作るスイングは、従来のクラブやボールの理論であって、最近の進化したギアには必要ありません。ヘッドより手が先行し、フェースが開いたままで下りてくるので右プッシュやスライス、それを嫌がってフェースを返せば引っかけと、様々なミスの原因になります。

インパクトで、ヘッドと右ひざ、右腰、右肩を一直線にせよ

ダウンスイングの早い段階で右ひじをリリースし、ヘッドをゆるやかな軌道で下ろしてきたら、次に右の手首をリリースしてインパクトを迎えます。

アマチュアゴルファーの多くはスライスで悩んでいますが、これはクラブの振り遅れによって、フェースが開いた状態でインパクトしてしまうことが原因です。

左サイドでリードしてタメを作るスイングは、どうしてもこの振り遅れが起こりやすくなります。

特にヘッドが大型化した最近のクラブはフェースがターンしにくいので、左手リードのスイングでは、振り遅れを助長するだけです。

ダウンスイングからインパクトにかけては右ひじ、右手首の順にリリースし、左手はそれを邪魔しないように、ただ添えるだけです。

そしてインパクトでは、クラブヘッドと右ひざ、右腰、右肩が一直線になるようなイメージを持ってください。体や手だけが先行することなく、右サイドを一体にして動かすことで、ボールに大きなパワーを伝えることができます。

USE THE RIGHT HAND MAINLY

インパクト

インパクトではクラブのヘッドと右ひざ、右腰、右肩が一直線になるのが理想

体の右サイドで押し込んでいくイメージなら、ボールに最大限のパワーを伝えられる

ダフリやトップのミスはすくい打ちが原因

NO やってはいけない

アイアンを苦手にしているアマチュアの多くは、ボールを上げたいという意識が強いため、下からクラブをしゃくり上げるような動きになりがちです。地面にあるボールを下からすくい上げようとすれば、当然手前をダフったり、トップのミスが出やすくなります。体の右サイドを一体化させ、目標方向に水平に回転するイメージを持ちましょう。ボールはクラブのロフトが勝手に上げてくれます。

〝頭を残して〟体とクラブヘッドの動きを減速させるな

ダウンスイングからインパクトにかけて加速させてきたヘッドの勢いを、いかに殺さずに振り抜けるか。これがフォローにおける、もっとも重要なポイントです。

インパクト後は右サイドを一体化させて、ボールを押し込むようにフォローを出していきますが、このときに注意してほしいのが、「無理に頭を残そうとしない」ということです。

もちろんインパクトまでは頭を残すことが大切ですが、すでにフォローに入っているのに、無理に頭を残そうとすると、体の動きにブレーキをかけることになり、ヘッドは減速してしまいます。

フォローでは右サイドの押し込みとともに、ヘッドを追うように顔を目標方向に向けて上げると、ヘッドが減速せずに、ボールによりパワーを伝えることができます。

そのよいお手本が、アメリカ女子ツアーで最強の女王といわれたアニカ・ソレンスタムでしょう。

あの〝ルックアップ打法〟こそが、最小限のパワーで効率よくヘッドを走らせるコツなのです。

USE THE RIGHT HAND MAINLY

フォロー

頭を残すのはインパクトまで。フォローでは体の回転とともに顔を目標に向ける

体の右半分を目標に向けるイメージで、クラブと体の動きを同調させて振り抜く

目標に手を真っすぐ出すとかえってボールは曲がる

NO やってはいけない

ボールを曲げたくないという意識から、フォローで目標方向に手を真っすぐ出してしまうのも、アマチュアに多い間違った動きです。これはハンドファーストでインパクトするイメージの強い上級者にも起こります。これではボールにヘッドをぶつけて終わりのスイングになりやすく、余計なバックスピンやサイドスピンもかかってしまうので、かえってボールが曲がる原因にもなります。

よいフィニッシュはここでチェックします

「終わりよければ、すべてよし」という言葉がありますが、ゴルフでもフィニッシュはスイングのよし悪しを映す鏡といえます。

　当然、スイングのバランスが悪いと、しっかりとフィニッシュが取れなかったり、ぐらついたりしてしまうので、すぐにわかります。

　右サイドを一体化させ、目標方向に押し込んでいくイメージでフォローを出していくと、自然と左足に体重が乗り、左足1本でスッと立てるフィニッシュになるはずです。体の柔軟性には個人差がありますが、右の肩が目標方向を指すぐらい、右サイドがグッと出ていくのが理想です。

　ここで重要なのは、手の位置がどの高さに収まっているかです。

　右サイドをしっかり使えたスイングができると、フィニッシュでグリップは低い位置に収まります。目安としては、グリップが左耳のやや横ぐらいの高さにあればOKです。もし左耳よりずいぶん高い位置にあれば、左サイドで振る意識が残っている証拠ですので、チェックしてみてください。

USE THE RIGHT HAND MAINLY

フィニッシュ

右肩がターゲットを指し、左足1本でスッと立てるのが、理想のフィニッシュだ

右サイド主体にスイングできれば、フィニッシュでクラブは低い位置に収まる

左サイド主体のスイングはフィニッシュが決まらない

NO やってはいけない

左サイド主体のスイングだと、フィニッシュで最後までクラブを振り抜けなかったり、バランスを崩しやすくなります。これは左サイドを中心に回転させて、クラブを左に引っ張り込むような動きだと、体の右サイドが目標方向に出ていかないためです。左足1本でスッと立てるフィニッシュを取るには、左サイドを回転させるのではなく、右サイドを目標方向に向けるイメージを持つといいでしょう。

右サイド全体を同調させて7番アイアンを右手だけで打つ

スイングの一連の動きがつかめたら、次に右サイドを主体にして打つ感覚をつかむためのポイント、練習法を紹介しましょう。

まずやってほしいのが、右手1本でボールを打つ片手打ちのドリルです。7番アイアンを右手1本で持ち、体の中心から右半分だけを使ってクラブを振る意識で、まずは素振りをしてみましょう。練習場ならゴムティ、芝の上ならティを刺して、それを打つというのも効果的な練習方法です。

右手1本で上手くティを叩けるようになったら、実際にボールを置いて打ってみます。

この右手1本ドリルで意識すべきポイントは、右サイドを一体にして動かすことです。ダウンスイングで体や手だけが先行してしまうと、片手でボールを正確にとらえることができません。

手先だけでボールを打とうとせず、右サイド全体を同調させて動かすイメージです。実際に両手でクラブを持って打つときも、この右手1本で打つ感覚を変えないようにするのです。

USE THE RIGHT HAND MAINLY

体の中心から右サイド全体を使って、右手1本でトップまで振り上げていく

右サイドを一体化させて振り下ろしながら、右ひじ、右手首の順でクラブをリリース

手でクラブを操作すると右手１本では打てない

NO やってはいけない

右手1本で打つドリルをするとき、手先だけでクラブを操作しようとすると、手首のコッキングがほどけるのが早くなってしまいます。右手1本ではダフリやトップのミスが出たり、ボールを遠くへ飛ばせないという人は、手先でクラブを振ろうとしている証拠です。右ひざ、右腰、右肩を一体にして振り下ろし、腕は右ひじ、手首の順番でリリースすると、正確にボールをとらえることができます。

インパクトまで右のかかとを上げないことでパワーは全開する

　アマチュアのスイングを見ていると、ダウンスイングの早い段階で右足のかかとが地面から離れ、インパクトでは完全に浮いてしまっている人が多いです。

　これも、体の中心から左サイド主体のスイングになっているのが、原因です。左サイドを軸にして回転しようとする意識が強いので、体の開きが早くなり、右足のかかとが浮いてしまうのです。

　これでは右利きの人がもっとも力の出せる右サイドをまったく生かせないので、ボールにパワーを伝えることができません。

　左ではなく、右サイドを軸にしてスイングするには、インパクトまで右のかかとを上げない意識を持ちましょう。

　ダウンスイングで右ひざが前に出るとかかとは浮いてしまいます。

　右ひざを前ではなくボールの方向に向けるイメージを持つことで、右サイドに軸ができ、かかとが浮くこともありません。

　このひざの動きに肩の動きを同調させてあげれば、右サイドを一体にしたスイングができます。

インパクトまで右かかとを
上げない
右ひざをボールに向けるイメージで
ダウンスイング

体の回転を止め、手先で打つベタ足はＮＧ

NO
やってはいけない

同じベタ足でも、体の回転を止めて、クラブを目標方向に出すのは間違い。ヘッドの入射角が鋭角になり、フェースも開きやすくなる。

左サイド主体に回転すると右かかとが浮く

NO
やってはいけない

右ひざが真っすぐ前に出ると、右かかとはすぐに浮いてしまう。左サイドで回転するイメージのスイングだと、右ひざが前に出やすい。

21

左手はコッキング（縦方向）、右手はヒンジング（横方向）。これが最重要

正しいグリップの握り方のところでお話ししたように、左右の手はそれぞれ使い方が異なります。

左手は縦方向のコッキング、そして右手は甲側やひら側に折るようなヒンジングの動きです。

皆さんはレッスン書などで、リストターンやアームローテーションなどという言葉をよく耳にすると思います。しかし手首や腕のローリングでクラブのフェースをターンさせる必要は一切ないというのが、私の考えです。

手首や腕を使って意識的にヘッドを返すやり方では、毎回インパクトでフェースをピタリとスクエアに戻すのは至難の技です。

先ほどいった左手のコッキングと右手のヒンジングの2つの動きが、同時に正しく行なわれていれば、フェースが自然にターンします。

正しいフェースターンが行なわれたかどうかは、フォローでのフェースの向きでチェックできます。

フォローでフェースのトウが上を向いて入ればOKです。いつでもこの形をイメージすることで、ショットの精度は格段に上がります。

USE THE RIGHT HAND MAINLY

左手のコッキングと右手のヒンジングの動きで、クラブヘッドをターンさせていく

両手が正しく動くと、フォロースイングでクラブフェースのトウ側が真上を指す

フォローのフェース向きで 両手の使い方をチェック

POINT ここに注目

左手のコッキングと右手のヒンジングが正しく行なわれれば、クラブフェースは自然にターンし、フォローではフェースのトウが上を向きます。フォローでクラブフェースが地面を向いてしまう人は、腕や手首を使って手のひらを返すようにフェースをターンさせている証拠です。フォローでのフェース向きを常に意識することで、正しい両手の使い方を自然と覚えることができるのです。

COLUMN 2

真っ直ぐに立てない者を、どうやったら正しいアドレスに導けるか

「そもそも、人は真っ直ぐ立っていない」「真っ直ぐ立てない者が、どうして教科書どおりにアドレスをして、テークバックができようか」

つまり、スイングする前に「大いに問題がある」と、指摘する方がいます。現在、私がレッスンを行なっている「アーリーバードゴルフクラブ」（埼玉県坂戸市）でボディバランスケアサロン「癒流里（ゆるり）」を開設し、同時にゴルフ教室も手がける、ボディバランス・コンディショニングコーチの原英樹さんがその人です。原さんの理論は聞けば聞くほど、なるほどと納得。目からウロコの連続です。まず、ほとんどの人は誤解と勘違いによって体が動くということを理解してしまっているといいます。体のことを正しく理解すれば、ゴルフはもっと簡単になる。それは、私の「右手のゴルフ」に通じることも多く、読者のスイング完成に大いに役立つことでしょう。そこで〝原英樹理論〟の一端をP.92・126・152のコラムで紹介していきます。

第2章

奇跡の20ヤードアップ!
ドライバーの右手スイング

Improve your distance 20 yards !
Swipe a ball with
the right hand !

より遠くへ！　ドライバーで飛ばすのは、すべてのゴルファーの思いです。石川遼君もあなたも同じです。飛ばすために、どう右手を使うか、遼君もそれを考えているんです！

USE THE RIGHT HAND MAINLY

右手ゴルフは
連続写真を見ればよくわかる!!
[ドライバー]

テークバックの始動から一気に体重が移っている。右に体が動いているといってもいいほどだ。ダウンスイングでは右手を大きく使おうとしていることがわかる。インパクト前から、顔が飛球方向を向こうとしていることが見える。

インパクトからフォローの写真を見ると、一気に顔は目標方向を向いてしまっている。また、シャロー（ゆるやか）にヘッドが入ってきている。右手主体だからできることで、これが“飛ばし”の極意なのである。

23

“右手でスイングアークを大きくする”ことを意識せよ

7番アイアンで基本スイングをマスターしたら、次はドライバーショット。ここからはドライバーで効率よく飛ばすためのポイントをレッスンしていきます。

まず7番アイアンの基本スイングとドライバーショットで、もっとも大きく違う点はスイングアークの大きさです。

左の2枚の写真を見比べてみると、7番アイアンよりドライバーのほうが、手が体から遠くに離れているのがわかるはずです。

ドライバーは14本のクラブの中でもっとも長く、ヘッドも大きいので、アイアンのような感覚で打つと、どうしても振り遅れやすく、インパクトでフェースも開きやすくなります。

スイングアークを大きくすることで、フェースをスクエアに戻すための助走距離が長くなると同時に、ボールに対するヘッドの入射角もゆるやかになります。

低くて長いインパクトゾーンを作ることによって、芯でとらえる確率が高くなり、無駄なバックスピンも減らすことができます。

USE THE RIGHT HAND MAINLY

低く長いインパクトゾーンでボールをとらえたいので、大きなスイングアークになる

地面のボールを打つアイアンでは、クリーンにとらえるのでスイングアークは小さめに

飛ばない、曲がる原因は
右脇の締めにある

NO
やってはいけない

7番アイアンでの基本スイングと同様、バックスイングやトップで右脇を締める意識は、スイング全体に悪影響をもたらします。トップで右脇を締め、ダウンスイングでも脇を絞り込むような意識だと、ヘッドがボールに対して直線的に急角度で上から入ってきます。アイアンよりも長く、ヘッドが大きくてターンしにくいドライバーでは、特に振り遅れやフェースが開くミスが出やすくなります。

アドレスでアイアンのときよりボールから離れて立つ

地面にあるボールを直接打つアイアンはヘッドの最下点でボールをとらえる必要がありますが、ティアップしてボールが浮いているドライバーでは、ヘッドが最下点を過ぎて、上昇しはじめたときにインパクトを迎えるのが理想です。

そのほうが打ち出し角が高くなり、無駄なスピン量も抑えられるので、飛ぶ弾道になるからです。

そのための体勢をアドレスでしっかり作っておくことも大切です。

まずクラブの長さがあるドライバーでは、アイアンよりもボールから少し離れて構えます。スイングプレーンはフラットになり、ヘッド軌道はゆるやかになります。

またヘッドをボールから離して置くことも重要なポイント。ドライバーでは体の中心より左にボール位置がくるので、ヘッドをボールに合わせて構えると右肩が前に出たアドレスになりやすいのです。

ヘッドをボールから15センチ離して構えることで、アドレスもスクエアになり、最下点以降にインパクトするイメージも湧きやすいはずです。

ボールからヘッド1〜2個分離し、シャフトと左腕が真っすぐになるように構える

ヘッドをボールから離して構えると、両肩のラインは目標に対してスクエアに保てる

体とボールの距離が近すぎて前傾が浅くなる

NO やってはいけない

クラブが長い分、ボールとの距離が離れるのを嫌がり、前傾の浅い棒立ちアドレスになりやすい。股関節からしっかり前傾するようにしよう。

"飛ばしたい"という気持ちで手打ちになる

NO やってはいけない

ドライバーは飛ばしたいという意識が働くので、腕力に頼ったスイングになりやすい。力いっぱい振っているように感じるが飛ばない。

テークバックで体重を右足親指から小指の付け根に移せば飛ぶ

スイング中に十分な体重移動ができていないのも、アマチュアが思ったより飛ばせない理由のひとつといえます。

バックスイングで体重が左足に残ってしまい、クラブが外から鋭角的に下りてきてスライスしか出ない。これが飛ばないアマチュアの典型的なパターンでしょう。

「ボールをよく見て、頭を絶対に動かしてはいけない」

昔からこれがスイングの基本中の基本といわれてきました。実は、この「頭を動かすな」というのが、アマチュアが上手く体重移動できない最大の原因なのです。

バックスイングで右足にしっかり体重を乗せようと思ったら、頭が右に動くのが自然なのです。

頭が右に動くと目とボールの距離が離れて不安に感じるかもしれませんが、怖がらずに最初は大胆に頭を右に動かしてください。

このとき、右足の親指の付け根から、小指の付け根に体重を移動させるイメージを持ちましょう。右足にしっかり体重が乗り、飛ばせるトップになります。

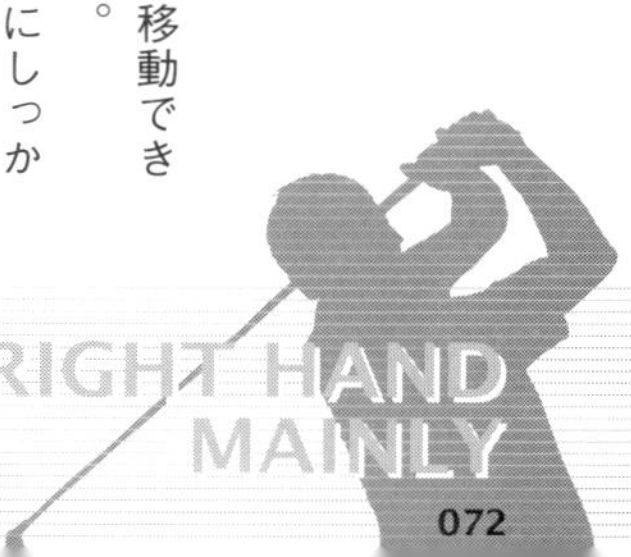

アドレスの段階で右足寄りに体重を乗せておく

右サイドの回転とともに、頭も右足の上まで移動

トップでは頭1個分くらい右に動いてもかまわない

頭を動かさないイメージで左足体重に

NO やってはいけない

頭を動かさずにバックスイングしようとすると体重移動ができず、左足に体重が残る“リバース・ピボット”になります。トップで左、フォローで右に体重が残る、いわゆる“ギッタン・バッコン”のスイングはこれが原因です。

プラス20ヤードのために トップですべきことはコレだ

飛距離を稼ぎたいドライバーと、方向性重視のアイアンでは、トップポジションでのグリッププレッシャーに違いがあります。

グリップを握るときは、隙間ができないようにピッタリと密着させて握れとよくいわれます。しかしそれではグリッププレッシャーが強くなりやすく、手首の動きも制限されてしまうので、ムチのようにヘッドを走らせることができなくなってしまいます。

いかにヘッドを走らせるかが重要なドライバーであれば、アイアンよりもさらにグリッププレッシャーをゆるめる必要があります。

特に左手のプレッシャーが右手より強くなると、左手主体のスイングになりやすいので注意が必要。

左手の小指から中指までの３本は、トップポジションでクラブが手のひらの中で遊んでしまうくらい、ゆるく握ってください。

トップでは右手のひらにクラブが乗っていることを感じ、左手は極力ゆるく握って意識を消す。これが右手主体のスイングをするための大切なコツなのです。

USE THE RIGHT HAND
MAINLY

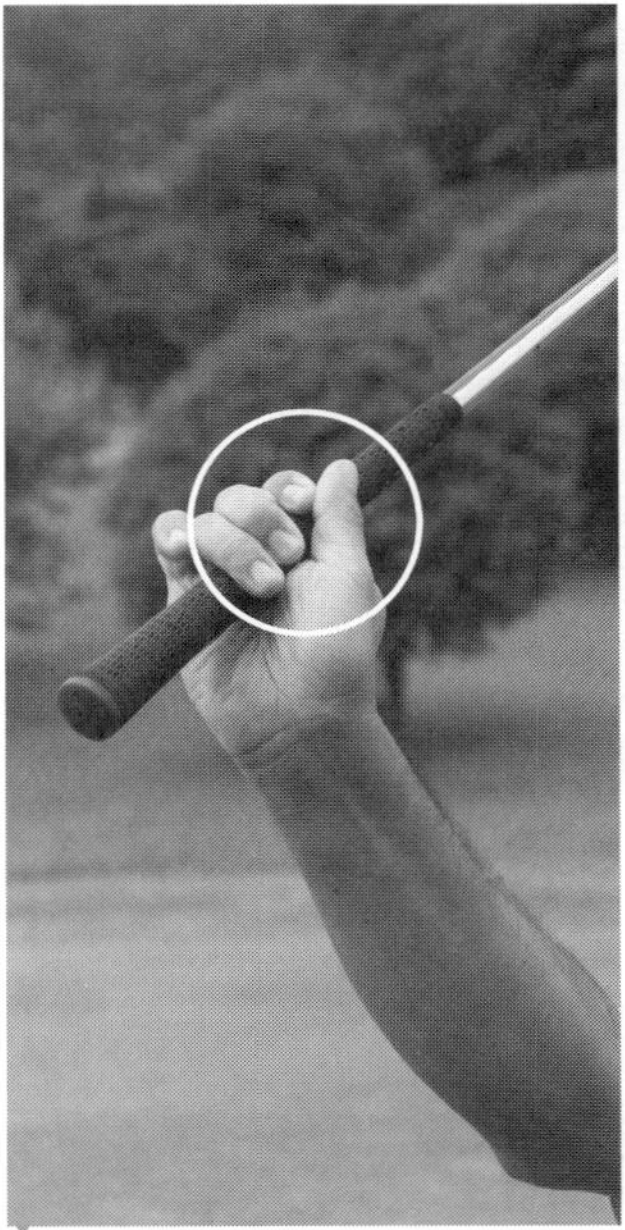

右手のヒンジングの動きを妨げないように、右グリップはできる限りソフトに握る

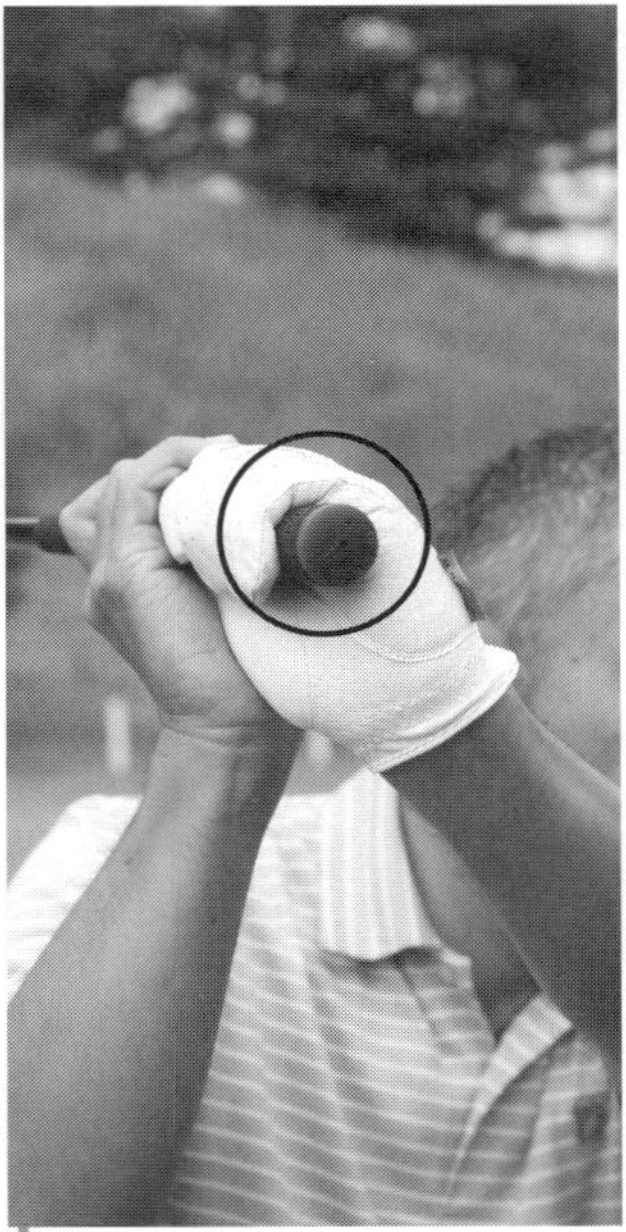

左手も右手同様、手のひらとグリップの間に隙間ができるくらい、ゆるく握るのが正解

強すぎるグリップ圧ではヘッドが走らない

NO やってはいけない

グリップを強く握りすぎると、手首の動きが制限されるだけでなく、腕や肩にも余計な力が入り、ヘッドを走らせることができない。

グリップはゆるめに握って遊びを持たせる

POINT ここに注目

グリップは適度な隙間を作り、遊びを持たせたほうが、ヘッドを走らせることができる。特に左手の小指側から３本はゆるく握る意識を持つ。

ボールの15センチ手前に仮想ボールをイメージしてスイングする

14本の中でもっとも長く、ヘッドの大きいドライバーは、フェースの戻りもゆるやかで、振り遅れが起こりやすいクラブです。

ダウンスイングからボールを叩きにいってしまうと、トップの位置からヘッドが直線的にボールに向かうため、ヘッドが戻りきらずにインパクトではフェースが開きやすくなります。またヘッド軌道も急角度で下りてきて、スピンが余計にかかるので飛ばないのです。

ダウンスイングを左手で引き下ろす意識のない右手主体のスイングは、その悪い動きが出にくいという利点があります。

その利点をより生かすためには、実際のボールの15センチ手前に仮想ボールをイメージし、そのボールを打つ意識でスイングしてください。このイメージを持つことで、ヘッドがより低い位置から下りてきて、フェースが開いて当たるミスを防ぐことができます。

ヘッドが最下点をすぎ、上昇しはじめたところでインパクトを迎えられるので、高打ち出し&低スピンの飛ぶ弾道になります。

USE THE RIGHT HAND
MAINLY

右サイドに軸を持たせて回転できれば、クラブヘッドはゆるやかな角度で下りてくる

ダウンスイングでヘッドが右足の前あたりにきた時点で、ボールと同じ高さにまで下りる

ボールのかなり手前からヘッドのソールを滑らせるイメージで低く長くヘッドを動かす

ヘッドが最下点をすぎ、上昇をはじめたときにインパクトを迎えると高弾道&低スピンに

POINT ここに注目

手前のボールを打つ意識で インパクトは通過点を体感

実際に打つボールの手前に、もうひとつ仮想のボールがあるとイメージして、それを打つ意識で振ってみましょう。インパクトはスイングの通過点といいますが、この練習法はそれを体感するのに効果的です。ドライバーはスタンスの左側にボールがあるので、叩きにいくと体が左に流れやすくなります。手前のボールを打つイメージを持つことで体が左に流れなくなり、強く叩く意識もなくなります。

インパクト以降、顔を一気に目標に向けるともっと飛ぶ

「フォローまで頭を残せ」

スイング理論の常識として、昔からずっとそういわれてきました。

しかしこの言葉がアマチュアの上達を妨げてきた大きな原因だと、私は考えています。

右手スイングをマスターする上で、とても重要なポイントなので繰り返しいいますが、無理に頭を残さないでください。

インパクト以降も無理に頭を残そうとすれば、体の自然な動きにブレーキがかかってしまい、手先でボールにヘッドをぶつけて終わりのスイングにしかなりません。

インパクト以降は体の回転に逆らわず、顔を一気に目標に向けて上げるのです。頭が一緒に回転することで、ヘッドはさらに加速し、フィニッシュまで一気に振り抜くことができます。

テニスのトッププロがフォアハンドのショットを打つとき、ボールをじっと見て、顔を残したりしませんよね。顔も体も目標方向に向けて打つはずです。それがもっともボールを強く叩ける打ち方なのです。

USE THE RIGHT HAND
MAINLY

インパクトで顔はボールの方向を向いているが、頭を残す意識は必要ない

右サイドを主体にした体の回転とともに、フォローでは顔を目標方向に向けていく

頭を無理に残そうとすると、体の回転にストップがかかってしまうので注意したい

フォローではヘッドを目で追いかけるイメージを持つと、スムーズにヘッドが振り抜ける

頭の残しすぎは百害あって一利なし

NO やってはいけない

インパクト以降も頭を残す意識が強いと、ダウンスイングで加速してきたヘッドにブレーキがかかってしまいます。またフォローで体の回転が止まりやすいので、ヘッドが急激にターンして、左へ引っかけるミスにもつながります。

29

スプリットハンド(両手を離して握る)で右手の使い方がマスターできる

右利きの人がもっともパワーを出せる右サイドを有効に使えば、ドライバーの飛距離は驚くほどにアップします。

ここではそのための練習法をいくつか紹介することにしましょう。

まずひとつめは、左手と右手のグリップを離してショットする、〝スプリットハンド〟ドリルです。

左手をグリップエンドぎりぎりに握ったら、右手はグリップとシャフトの境目あたりを持ち、両手を離してグリップします。

この状態で右肩から左肩の高さくらいまでのスリークォーターショットで実際にボールを打ちます。

両手のグリップを離してスイングすると、通常の両手をつけたときと違い、左手はほとんど動かないほうが上手く打てるはずです。そして右手をしっかり使ってあげないと、インパクトでフェースをスクエアに戻せないことがわかるはずです。

スイング中に右手をどんなイメージで使えばいいのか。ボールを打っているうちに自然と覚えられるので、おすすめのドリルです。

USE THE RIGHT HAND MAINLY

左右のグリップを拳1個分ぐらい離して握り、ティアップしたボールを実際に打ってみる

フェースの向きを意識しながら、右サイド全体を使ってクラブを振り下ろしてくる

体の正面でヘッドが手元を追い越すイメージ。左手は右手の邪魔をしないように添えるだけ

右サイドをしっかり目標方向に押し込んで、最後のフィニッシュまで振り切る

左手で引き下ろすと
クラブヘッドは振り遅れる

NO
やってはいけない

左サイドを中心に、左手でクラブを引き下ろすイメージが強いと、手が先行して下りてくるのでヘッドは振り遅れます。ヘッドが振り遅れれば、インパクトでフェースが開くのでスライスにしかなりません。両手のグリップを離すスプリットハンドのドリルでは、それがより顕著となるので、まともにボールをとらえることができないはずです。自分のスイング傾向を知るには、とても効果的なドリルです。

超クローズドスタンスで右サイド全体の動かし方をつかむ

これまで左サイド主体のスイングをしていた人が、いきなり右サイドを使えといわれても、なかなかイメージが湧きにくいはずです。

そこでぜひやってほしいのが、クローズドスタンスでボールを打つドリルです。通常のスタンスから、右足を後ろに引き、クローズドスタンスでアドレスします。少なくとも足ひとつ分以上、右足を後ろに引いてください。

この体勢でボールを打つのですが、ボール位置は左足のつま先の前か、それより左に置きます。

それだとヘッドがボールに届かないから上手く打てない、と思うかもしれませんが、実はそれがこのドリルのミソなんです。

まずクローズドスタンスにしたことで体の左サイドがブロックされ、左へ体が流れにくくなります。

この状態で左足より外側にある、遠いボールを打とうとすると、右サイドが勝手に動いてきます。

つまり右サイドを動かさないとボールを打つことができないので、正しい動きを自然と覚えることができるのです。

USE THE RIGHT HAND
MAINLY

右足を大きく後ろに引いたクローズドスタンスで構えるが、両肩のラインはスクエアに

バックスイングはスタンスに沿ってではなく、肩のラインに対してオンプレーンに上げる

左つま先よりさらに左側にボールを置くので、右サイドを主体にダウンスイング

目標方向に右サイドを押し込んでいき、左に置いたボールが真っすぐ飛べばOK

スタンスに沿って振ると極端なインサイドアウトに

NO やってはいけない

右足を後ろに引いたクローズドスタンスで打つドリルを行なう際、スイング自体もスタンスに合わせて振ってしまっては意味がありません。スタンスに沿ってクラブを引いてしまうと、極端なインサイドアウト軌道のスイングになり、目標に向かって真っすぐにボールを打ち出すことができません。フォローで体が右にそっくり返ってしまったり、ボールが右に飛び出してしまうという人は注意してください。

31

左右の足を交差させてバランスを崩さずに打てるようにする

極端なクローズドスタンスで、体の右サイドを使う感覚がつかめたら、今度は右足と左足を交差させた状態でボールを打つドリルにチャレンジしてみてください。

クローズドスタンスのドリル同様、ここでもボールの位置は左側に置きます。もちろんフルショットはできないので、ハーフショットか肩から肩のスリークォーターショットでかまいません。

まずはなにも意識せずに、この足をクロスした状態でボールを打ってみましょう。もしフォローでバランスを崩してしまったら、それは左サイド主体でスイングしている証拠です。

足を交差させると、左に体を回転させにくくなるので、左サイド主体で振ると、バランスが崩れてしまうのです。

左サイドを主体に回転させるのではなく、右サイドを目標方向に出すようにしていくと、バランスが崩れることなく、フォローまで振り切ることができます。

このドリルで右サイドを主体に使う感覚がつかめるはずです。

USE THE RIGHT HAND
MAINLY

両足をクロスさせて立ち、ボールは体の左側のライン上あたりに離してセットする

バランスを崩さないように、右サイドを主体に回転して、バックスイングしていく

右股関節の上にスイング軸を感じながら、右サイドを一体化させてダウンスイング

手先で振らずに体の正面を目標に向けるイメージで、右サイドをしっかり押し込んでいく

手先で打とうとすれば、ヘッドがボールに届かない

NO やってはいけない

両足をクロスさせて構えると当然、体を回転させにくくなります。だからといって、手先だけでボールを打とうとしても、ボールは体の中心よりもかなり左にあるので、ヘッドが届きません。また左サイドで回転しようとしても、左足がブロックされているので、フォローでバランスを崩してしまいます。右サイドを主体にしないと絶対に打てないドリルなので、自然と正しい動きが覚えられるのです。

32

背面打ちで左ひじのたたみを覚えると、右サイドが使えるようになる

次にちょっと上級者向けになりますが、背面打ちのドリルを紹介しましょう。

まず目標方向に対して、完全に背中を向けるように立ち、この状態で背中の方向に向かってボールを打ちます。

このドリルを行なう第一の目的は、左ひじの使い方を覚えることにあります。左ひじを使うといっても、左サイド主体に振れという意味ではありません。右手の動きを邪魔しないための、左手の使い方を覚えるドリルなのです。

実際に背面打ちをしてみると、左ひじがつっかえ棒のように邪魔をして、目標方向にクラブを振り出しにくいはずです。

右サイドを主体にしたスイングで目標方向にヘッドを振っていくには、邪魔な左ひじをたたむ動きが必要になります。

この背面打ちをやると、左ひじのたたみ方を自然と覚えることができます。この状態でボールを目標方向に真っすぐ打ち出すことができれば、右サイドを上手く使えるようになってきた証拠です。

USE THE RIGHT HAND MAINLY

目標と反対方向に体を正対させて構え、上半身だけをひねってボールにヘッドを合わせる

背中を目標方向に向けるように、右サイドを後ろに引いて、トップまでクラブを上げる

手先だけでボールに合わせにいくのではなく、右サイドの回転で体の正面をボールに向ける

頭を残さず、顔を左に向けて振り切れば、ボールは目標方向に真っすぐ飛び出す

POINT
ここに注目

背面打ちドリルで ヘッドの走りを体感できる

ダウンスイングで加速してきたヘッドのスピードにブレーキをかけることなく、さらに加速するようなイメージでクラブを振れれば、ドライバーの飛距離は飛躍的にアップします。ボールにヘッドをぶつけて終わりのスイングでは、ボールを遠くへ飛ばせないばかりか、縦や横のスピンが増えて曲がりも大きくなります。背面打ちドリルの後に通常のスイングをすると、ヘッドの走りがより体感できます。

ヘッドを通す高さをコントロールできるようになろう

体に正しい動きを覚えこませるには、ボールを打たずに行なうドリルも取り入れるとより効果的です。

そこで紹介するのが、ドライバーでの水平素振りのドリルです。

通常どおりにドライバーを持ち、ちょうど胸の高さくらいをヘッドが通るように、地面と水平にスイングします。

このとき胸の高さの位置に置いたヘッドカバーをヘッドで叩いてみてください。おそらくほとんどの人はヘッドがカバーに当たらず、下を通過してしまうはずです。

左手を主体に使ったスイングだと、右手が左手より下にくることが多くなるので、自分が振ろうとしている位置よりヘッドが下がってしまうのです。これが実際のスイングで起これば、当然ボールの手前を打つダフリになります。

スイング中、常に右手が左手より上にある意識を持つと、ヘッドが落ちずにカバーを叩くことができます。このドリルで右手を使ったスイングを覚えれば、ヘッドを通す高さを自在にコントロールできるようになります。

USE THE RIGHT HAND
MAINLY

シャフトが地面と平行になる高さで水平に振ってみる

右手が常に左手より上にあるイメージでスイング

右サイド主体なら、右肩が下がらずに水平に振れる

POINT ここに注目

右手が左手の上にあれば ヘッドは下に落ちない

水平素振りのドリルをより効果的に行なう方法があります。誰かパートナーにシャフトが地面と平行になる高さにヘッドカバーなどを垂らしてもらい、それをヘッドで叩いてみるのです。左サイド主体のスイングでは右手が左手より下にきて右肩が下がるので、ヘッドが落ちてカバーに当たらずに下を通過してしまいます。右サイドを主体に振れば、ヘッドの高さが変わらないのでカバーを正確に叩けます。

34

右手のヒンジングを完全にマスターするためのドリル

次に紹介するのは、クラブを逆に持ってスイングするドリルですが、両手ではなく、右手1本で持って行ないます。

なぜ右手1本かというと、この逆持ち素振りはグリップの項で説明した右手のヒンジングの動きを覚えるためのドリルだからです。

左手は縦に動かすコッキング、右手は手の甲やひら側に折るように動くヒンジングが、両手の正しい役割であり使い方です。

バックスイングで右手のひらを上に向けて上げると、トップで正しい位置にクラブを収めることができないのが理解できます。

右手のヒンジングを使えば、トップで手のひらにクラブが乗り、ヘッドが目標方向を真っすぐ指す正しい位置にスッと収まります。

切り返しからダウンスイングでは右ひじ→右手首の順でリリースしていきますが、このときインパクト前後でビュンと音が鳴るように振ってください。

もしフォローで鳴るようだと、右手のリリースが遅れている証拠なので注意しましょう。

USE THE RIGHT HAND
MAINLY

通常とは逆にヘッドの付け根を右手1本で持ち、右手首のヒンジングを意識しながら振る

インパクト前後でビュンと音が鳴るのが正解。この位置に手がくればOK

POINT ここに注目

ゆっくりスイングで 正しい体の動きを覚える

通常とは逆にヘッド側を持って振ると、クラブが極端に軽く感じられることでしょう。この軽いクラブを手先ではなく、右サイドを主体に体全体で振ることが、このドリルのポイントです。軽いものをゆっくり振ることで、体に正しい動きを覚えこませることができます。グリップとヘッド側を逆に持って素振りをした後、通常の持ち方に戻すと、よりヘッドの重さを感じることができるはずです。

COLUMN 3

筋肉ではなくて、関節を意識するとスイングは上手くいくのだ！

私がレッスンしているときに、しばしば気づくことなのですが、多くの生徒が、たとえば腕を無理矢理振っています。そのせいで動きが硬くなる。その原因こそが、体についての誤解、勘違いというわけです。

原英樹さんは、「人は体を動かすとき、もっとも意識をするのが筋肉。でも筋肉の前に骨を意識してもらいたい。関節をまたいで骨と骨がある。関節がテコの動きの中心となる。支点、力点、作用点というのをもっと意識するとよい」と説明しています。筋肉を直に動かしているわけではないからです。

筋肉は骨のまわりについているもの、それくらいに考えたほうがいい結果が出ます。それなのに皆、プロの連続写真を見て筋肉を動かそうとしています。

それよりは、関節を中心にした支点、力点、作用点を意識すると、正しいスイングが実感できるはずです。

第3章

サンドウェッジ1本で覚える奇跡の寄せ

Miracle approach !
Super close shot to the pin !

どんなクラブで寄せるか——ピッチやロブショットはもちろん、ランニングもサンドウェッジ１本でやるのが合理的だ。それを可能にするのも、やっぱり右手のアプローチ！

USE THE RIGHT HAND MAINLY

右手ゴルフは 連続写真を見ればよくわかる!! [サンドウェッジ]

USE THE RIGHT HAND MAINLY

サンドウェッジのスイングの第一の特徴は、アドレスでハンドファーストではないという点。クラブが地面から垂直に近い形での構えになる。あくまでもボールをつぶして打たないようにしているのだ。

第二の特徴は、サンドウェッジのわりにはダウンスイングでタメを作っていないこと。7番アイアンの基本と同じ振り方だ。第三の特徴はフォローでトウを立てていることで、フェースを開閉することがスクエアな動きになる点だ。

スタンスは7番アイアンの半分、トップは右肩の高さの意識で

サンドウェッジ（SW）は正確な飛距離と方向性が求められるクラブです。必要以上に飛ばす必要はないわけですから、スイングもドライバーや7番アイアンに比べ、コンパクトになります。

コンパクトなスイングをするためにはアドレスが大切になります。

まずスタンスの幅は7番アイアンの半分くらいまで狭めます。スタンスが狭くなれば、左右の体重移動が小さくなるので、正確にインパクトしやすくなります。

ただしスタンスの向きはオープンにせず、目標に対してスクエアに構えてください。このほうが右サイドを主体にしたスイングがしやすいからです。

体の中心から左サイドの意識を消し、右サイド全体でバックスイングを上げるイメージは、ドライバーや7番アイアンと同じですが、大きく振り上げず、コンパクトに収めます。手が右肩の高さにきたら、そこがトップの位置です。

決して大振りはせず、自分がコントロールできる範囲で振るのが、SWを使いこなすコツなのです。

USE THE RIGHT HAND
MAINLY

目標に対してオープンに構えず、スタンス、腰、肩のラインすべてをスクエアにアドレス

左サイド主体に上から打ち込むのではなく、体の右サイドを使いゆるやかな軌道で打つ

オープンスタンスは
正確なインパクトが必要

NO やってはいけない

サンドウェッジ（SW）のショットはオープンスタンスが基本だと思っている方も多いと思います。オープンに構えるとスイング軌道は当然、アウトサイドインになり、ヘッドの入射角も上から入ります。ロフトの大きいSWはインパクトが少しズレただけでスピンのかかり方が変わり、距離もバラつきやすいのです。正確にインパクトができる上級者でないと、オープンスタンスではミスが出やすいのです。

右手打ちだからこそボールがつかまって、ザックリが出ない

ＳＷでのアプローチはボールの手前をダフッたり、ザックリのミスが出やすいので怖い、というアマチュアの声をよく聞きます。

実はこのダフリやザックリのミスも、左手主体のスイングに原因があるのです。

ドライバーレッスンの水平素振りのドリルのときにも少しお話ししましたが、左手を主体にして振ると、スイング中に右手が左手より下になってしまうので、ヘッドも下に落ちてしまいます。これがボールの手前を叩く原因です。

ＳＷであっても、右手主体のスイングなら、常に右手が左手より上にくるので、ヘッドが下がることがなく、ボールの手前をダフることもありません。

またヘッドがしっかりターンすることで、ボールをつかまえることができるだけでなく、ヘッドスピードがなくてもバックスピンをかけることができます。

つまり、右手主体のスイングだからこそ、ＳＷが持つ機能をフルに発揮することができる、というわけです。

USE THE RIGHT HAND MAINLY

SWも左手主体ではなく、右サイドを意識したスイングを心がける

低く長いインパクトゾーンをイメージし、ヘッドのソールを滑らせる意識でスイング

インパクト前後、そしてフォローでは、右手のヒンジングを使ってボールをつかまえる

フォローではフェースのトウが上を向くように、右手のヒンジングでフェースを返す

フェース真っすぐがアプローチのミスを招く

NO やってはいけない

SWは方向性が第一なので、フェースの向きを変えないほうがいいというレッスンをよく聞きます。しかしSWはロフトが大きいのでボールがフェースの上に乗りやすく、フェースを返さずに真っすぐ抜くとボールが上滑りしてしまいます。これでは高さと距離のコントロールがしにくく、スピンのかかり方も不安定になります。SWでもトウを立てるように振ったほうが、ショットは安定するのです。

サンドウェッジでは、正しいコックの使い方がキモ

方向性が重視されるSWの場合、スイング中のフェース向きの管理がとても大切になります。

そこで重要になるのが、手首の使い方です。繰り返しになりますが、手首は左手がコッキング、右手がヒンジングという、左右で別々の使い方をします。

両手首が正しく使えていると、バックスイングで左手、右手ともに手の甲側に少し折れた状態になっているはずです。

バックスイング、トップでは左手首が甲側に折れず、真っすぐになっているのが正しいと思っているアマチュアが多いようですが、それは間違いです。アドレスした段階ですでに左手首は甲側に少し折れています。その状態から縦にコッキングが入るのですから、トップでもその状態がキープされているのが正解です。

左の手首と甲が真っすぐになり、バックスイングでフェースがシャット（閉じて）に上がると、ダウンスイングでは逆に開いて下りてきてミスが出やすくなるので、常にチェックするようにしましょう。

USE THE RIGHT HAND MAINLY

正しくコッキングが使えれば、クラブは自然にオンプレーンに乗ってくれる

バックスイングで左手は縦方向にコッキングされ、手首が甲側に少し折れるのが正しい

正しい手首のコッキングがナイスショットを生む

POINT ここに注目

ゴルフのスイングにおいて、正しい手首のコッキングができているかどうかはとても重要です。コッキングの使い方を間違えると、バックスイングでフェースが大きく開いたり、逆に閉じてシャットに上がったりしてしまいます。こうなるとクラブはスイングプレーンから外れ、様々なミスを引き起こします。調子が悪くなってきたら、正しいグリップとコッキングができているかをチェックしましょう。

39

フルショットの2分の1になる30ヤードをマスターしよう

SWを自在に使いこなせるようになれば、ゴルフのスコアは一気に縮まってきます。しかし正しいスイングを覚えるのに、いきなりフルショットから始めるのはおすすめできません。

SWの扱い方を覚えるには、まずは30ヤードのショットからマスターしていくといいでしょう。

飛距離には個人差があるので、一概にはいえませんが、30ヤードというと、だいたいフルショットの2分の1程度の振り幅になると思います。

練習場ではちょうど30ヤードの周辺にキャリーさせるようにショットを繰り返します。

基本は両手で打ちますが、右手1本で30ヤードを打つドリルを途中に加えるとより効果的です。

このときに注意してほしいのは、決して上から鋭角にボールを打ち込まないことです。ヘッドが上から入ると、インパクトが点になりやすく、スピン量も一定になりません。インパクトゾーンでは、ヘッドを低く長く動かすイメージを持ちましょう。

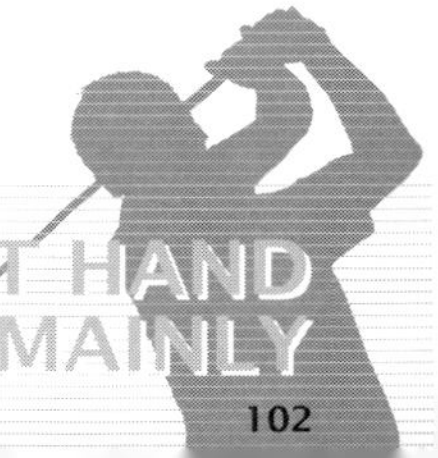

USE THE RIGHT HAND MAINLY

通常の両手打ちだけでなく、右手1本で30ヤードを打つドリルも効果的な練習

左手で直線的に引き下ろすのではなく、右手主体にゆるやかな軌道でダウンスイング

右ひじ、右手首の順で正しくリリースが行なわれれば、ヘッドは低い位置に下りてくる

ヘッドが低く長く動けば、ボールの手前をダフらずに、バンスが地面を滑ってくれる

30ヤードドリルはすべてのショットの基本

POINT ここに注目

トップで左腕、フォローで右腕が地面と平行になるこのハーフスイングはSWだけでなく、すべてのショットの基本になります。30ヤードを打つことで、アイアンやドライバーも上手に打てるようになるので、しっかり練習しましょう。

右手打ちで20ヤードと10ヤードを簡単に打ち分ける

基本となる30ヤードを覚えたら、次は20ヤードと10ヤードの打ち分けをマスターしましょう。

SWでもある程度距離を出していくときは、多少手首のコッキングを使いますが、20ヤード以下の短い距離では、ほとんど手首のコッキングは使いません。

バックスイングのときも、アドレスでの手首の角度を変えないように意識して、左から右への小さい体重移動と右サイド全体でクラブを上げていきます。

多くのアマチュアは20、10ヤードといった距離の打ち分けを、クラブの振り幅で調節しようとして、オーバーやショートのミスを繰り返しています。人間は誰しもある程度の距離感を持っています。たとえばゴミ箱にゴミを投げ入れるのに、いちいち腕の振り幅を考える人はいないはずです。自然に腕を振るスピードを変えて、距離を調節しているのです。

利き腕である右手主体のスイングなら、持って生まれた距離感を活かせるので、距離の打ち分けも自然にできるようになります。

USE THE RIGHT HAND MAINLY

シャフトが地面に対して約45度になるのが、10ヤードを打つときの振り幅の目安

20ヤードになると、シャフトは地面とほぼ水平になるが、手首のコッキングは使わない

大きなバックスイングでインパクトがゆるんでしまう

NO やってはいけない

大きくバックスイングして、インパクトでゆるんでしまう。これがアプローチを苦手としているアマチュアに多いスイングです。10、20ヤードしか打たないのに、通常のショットのようにテークバックでコックが入ってしまうから、バックスイングが大きくなり、「これではオーバーする」と感じて、インパクトでゆるむのです。ダフリやトップ、距離感のミスが多い人は、コックを使っている可能性が大です。

41

10ヤード以下を打ち分けるためにはグリップに秘策あり

20、10ヤードの打ち分けでも触れましたが、SWを使った短い距離のアプローチでは、手首のコッキングを必要としません。

スイング中に余計なコッキングが入ってしまうと、インパクトでフェースを正確に戻すのが難しくなります。またスピンのかかり方も一定になりにくいので、距離感もバラツキやすくなります。

コックを使う必要がない、短い距離のアプローチでは、グリッププレッシャーを通常のショットより強めに握ります。こうすることで手首の無駄な動きを抑えることができます。

そしてもうひとつ重要なのが、グリップを持つ長さです。短いアプローチでは、グリップも短く持つというのが、昔からレッスンの常識になっていますが、私の考えは違います。

というのも、グリップを短く持つと、クラブのバランスが変わってしまい、ヘッドの重みを感じにくくなるからです。ヘッドが軽くなると手が前に出やすくなるので注意してください。

USE THE RIGHT HAND MAINLY

スタンスはスクエアに構える。クラブのバランスが変わるのでグリップは短く持たない

グリップを強めに握り、手首のコッキングは使わない。パターのストロークをイメージ

アプローチのスタンスはオープンにしない

NO
やってはいけない

10ヤード前後のアプローチは、パターのストロークのように打ちたい。スタンスをオープンに構えてしまうと、パターのイメージが出ない。

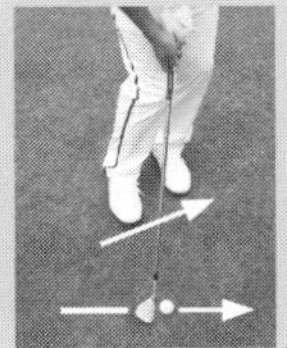

グリップを強く握ることで手首を固定する

POINT
ここに注目

短いアプローチでヘッドを走らせてしまうと距離感が合わせにくい。グリップを強めに握ることで、手首のコッキングが抑えられる。

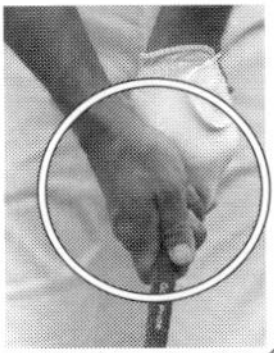

42

深いラフからの50ヤードも右手で寄せられるグリップ術

グリーン周りのアプローチでは、いつも芝の短く刈られた、ライのよいフェアウェイから打てるとは限りません。グリーンの両サイドや奥に外せば、ラフからのショットを要求されます。

ラフではボールが長い芝の中に潜《もぐ》ってしまい、ヘッドの抜けが悪くなります。この状況で左手主体で上からボールに直接ヘッドを入れようとすれば、芝がフェースにからまり、余計に抵抗が強くなってヘッドが抜けなくなります。

右手主体のスイングはこういう状況でも威力を発揮します。

ラフから確実に脱出して、ピンに寄せるには、芝の抵抗に負けないスイングができるかが大切です。

それにはまずグリップをゆるめに握ることです。グリップをゆるく握れば、手首がやわらかく使えるようになり、ヘッドをビュンと走らせることができます。

右サイドを主体に、大きくゆったりとしたスイングでヘッドを低く長く動かし、ボールの前後の芝ごと払うイメージで打てば、ラフからでも距離感が出せます。

USE THE RIGHT HAND
MAINLY

手首のコッキングを使って、しっかりバックスイング

ヘッドが手元を追い越すように、ヘッドを走らせる

スイングをゆるめずに、フィニッシュまで振り切る

芝の抵抗に負けないためにグリップはゆるめに握る

POINT ここに注目

短い距離のアプローチでは手首のコッキングを抑えるために、グリップを強めに握るといいましたが、ラフからのアプローチは違います。ヘッドを走らせないと芝の抵抗に負けてしまうので、グリップはゆるく握ります。ただしグリップは短くは持ちません。なぜなら、長く持ったほうが、ヘッドの重みを活かすことができるからです。ヘッドの重さと走りを利用してやることが、ラフではとても大切なのです。

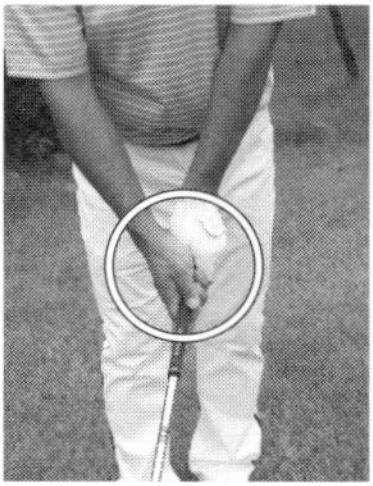

43

ザックリをやらない、右手とソールの使い方

サンドウェッジのアプローチでミスを減らすには、バンスを上手に利用することが大事です。

バンスとはソールにある膨《ふく》らみのことで、ＳＷはこのバンスがフェースのリーディングエッジよりも下に出っ張っています。つまりフェースを地面にセットすると、バンスが地面に接地して、リーディングエッジが浮くようになっているのです。

ところが多くのアマチュアは、ボールをクリーンに打とうとして、ヘッドを上から打ち込むので、せっかくのバンスを活かすことができていません。これではリーディングエッジが地面に刺さりやすくなり、ダフリやザックリのミスが出てしまいます。

特に左サイド主体のスイングでは、ヘッドが急角度で上から入ってきやすいので、ＳＷの特性を活かすことができません。

右サイドを意識して、右手主体に振ることで、ボールの手前からバンスを滑らせてあげれば、エッジが地面に刺さることなく、ボールもフェースにしっかり乗ります。

USE THE RIGHT HAND MAINLY

左腕とシャフトを一直線にせずハンドファーストにならないこと

バンスが地面を滑ることで、ヘッドがスムーズに抜けるのでフェース向きが変わらない

SWでの引っかけ防止はフェースを少し開くといい

POINT ここに注目

サンドウェッジのように、クラブのロフトが大きくなればなるほど、フェースは左を向きやすくなります。ためしに、SWのフェースの芯あたりに棒をつけると、リーディングエッジをスクエアに構えても、棒の先は左を向いてしまいます。SWでフルショットをすると、左に引っかけるボールが出やすいのはそのためです。SWではフェースが少し開いた状態がスクエアになることを覚えておいてください

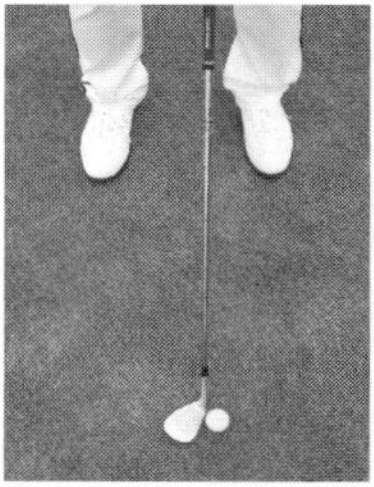

44

10ヤード以内のラフからはロブショットでピタリと寄せる

　ボールはグリーン周りのラフで、ピンまでの距離が近い。このような難しい状況で、プロがよく見せるのが、ボールをフワッと上げて寄せるロブショットです。

　ボールを高く上げるというと、フェースを大きく開いて、左サイド主体に振るイメージを持つかもしれませんが、それは間違いです。

　実は右サイドを主体にしないと打てないのが、ロブショットなのです。ロブショットを打つには、大きく振って、インパクト前にヘッドが手を追い越し、ボールの下にフェースを滑り込ませる必要があります。左手主体のスイングでは、常に手が先行してしまうので、ロブショットは打てません。

　ロブを打つコツは、まずボールから離れて立ち、ハンドダウンに構えます。ヘッドを走らせるのでグリップは極力ゆるく握ります。

　インパクト前にヘッドが手を追い越し、フォローではフェースのトウを起こすイメージで、大きくゆったりと振り抜いてあげる。

　右手主体のスイングができれば、ロブショットも簡単に打てます。

USE THE RIGHT HAND MAINLY

ヘッドを走らせたいので、グリップは通常よりもかなりゆるめに握ってスイングする

ダウンスイングではクラブを急加速させず、ゆるやかな軌道で振り下ろしていく

手首をやわらかく使い、ボールの下の隙間にヘッドを通す。だるま落としのイメージ

スイング中はクラブを急加速させたりせず、一定のスピードでフィニッシュまで振り切る

上から打ち込む意識では ロブショットは打てない

NO
やってはいけない

ロブショットのようにボールを高く上げるには、ヘッドを上から鋭角的に振り下ろさなくてはいけないと勘違いしている人も多いようです。上から打ち込む意識が強いとヘッドよりグリップが左に出たハンドファーストのアドレスになりがちです。これではインパクトでロフトが立ってしまい、フワッとした高い弾道は打てません。手よりもヘッドが左のヘッドファーストに構えるのがロブを打つコツです。

45

グリーン周りから、サンドウェッジで足の長いボールで寄せワンだ

グリーン周りのアプローチでは、状況に応じてクラブを換えたほうがやさしく寄せられると教えるプロやインストラクターもいます。

しかし練習量も時間も限られている一般のアマチュアには、いろいろなクラブを使って距離感を打ち分けるのは難しいことなので、サンドウェッジ（SW）1本でいろいろな球筋を使って寄せていったほうが、シンプルでミスの確率も減らせます。

たとえば、ボールがグリーンエッジから近く、ピンが奥で距離があるようなケースで、7番や8番アイアンを使って転がそうとしても、距離が合わずに大きくショートやオーバーしてしまうことも少なくないはずです。

こんなときはSWでランを使う打ち方が有効です。ボールを少し右足寄りに置き、右サイドを主体にしたスイングで、インサイドアウトにボールを包み込むように打ちます。ボールには軽いフック系の回転がかかり、落ちてから若干のランが出るので、SWでも転がしのアプローチになります。

USE THE RIGHT HAND MAINLY

ボールはスタンスの中央よりやや右めに置く。フェースを閉じ気味にテークバック

手先で合わせるのではなく、体の右サイド全体をしっかり目標方向に向けていくイメージ

低めの弾道で転がしたいときは、テークバックを少しインサイドに引く意識を持つ

フォローではフェースを目標よりも右に出すイメージでインサイドアウトに振り抜く

バンスを上手に使えば、アプローチはやさしくなる

POINT ここに注目

SWは難しいクラブだと思っているアマチュアが多いようですが、そんなことはありません。SWのソールにはバンスという出っ張りがついています。バンスがあるおかげでショットしたときにエッジが地面に刺さるのを防いでくれているのです。フェアウェイウッドの広いソールを滑らせるイメージで、バンスを上手く利用してあげれば、グリーン周りのアプローチは格段にやさしくなります。

バンカーこそ右手で打つから一発で脱出できる

アマチュアの方の多くが苦手にしているのが、バンカーショットでしょう。グリーンの近くまで順調に来たのに、バンカーから脱出するのに何打もかかってしまい大叩き、というのは悔しいものです。

バンカーショットはオープンに構えて、上からヘッドを打ち込んで終わり。こんなレッスンを鵜《う》呑《の》みにしていては、いつまでたってもバンカー下手を卒業できません。

バンカーショットこそ、右手で打つスイングが重要になります。

ショットのイメージは、先ほどのロブショットとほとんど同じです。

スタンスはオープンに構えずに、目標に対してスクエア。アドレスの体重配分は左右均等か、若干右足に多くかけ、ボールから遠く離れてハンドダウンに構えます。

あとはグリップをゆるく握ってヘッドを走らせ、ボールの前後の砂を一緒に飛ばすように、大きくゆったりとしたスイングでフィニッシュまで振り抜くだけです。

バンカーからの脱出に力はいらないので、女性でも楽に出せるようになりますよ。

USE THE RIGHT HAND
MAINLY

スタンスはスクエアに構える。下半身が固定されて手打ちになるので足は砂に埋めない

バンカーでは大振りするとバランスを崩しやすいので、コンパクトなトップを心がける

打ち込む意識ではなく、ボールの手前からバンスを滑らせて、砂ごと飛ばすイメージ

打ち込んで終わりはNG。しっかりヘッドを走らせて、フィニッシュまで振り切る

NO やってはいけない

ボールに近いアドレスはミスが出やすい

ボールに対して近く立つと、ロフトを寝かせることができないので、高さを出すことができない。アゴが高いバンカーでは特に注意が必要。

POINT ここに注目

ボールから離れて立てば、バンスが活きる

バンカーではボールから離れて立つのが基本。ロフトを寝かせることでバンスが活きてくるので、エッジが砂に刺さりにくくなるのだ。

47

手首の使い方がポイント。フォローでフェースが自分の顔を向く

ただ脱出するだけのバンカーショットでなく、ピンにしっかりと寄せていくには、手首の使い方にポイントがあります。

　バンカーショットでは、グリップをゆるく握ることで手首を動かしやすくし、ヘッドを走らせていきます。ですが、このときフォローでフェースのトウを起こすような使い方をすると、リーディングエッジが砂に刺さりやすくなってしまうのです。

　SWのソールにバンスという出っ張りがあるのは、ヘッドが砂に潜ってしまうのを防ぐためです。

　このバンスを活かすには、右手のヒンジングを使い、右手首を手のひら側に折るようにして、フォローでフェース面が自分の顔を向くように振りましょう。

　こうするとバンスが利いて、リーディングエッジが砂に潜り込みにくくなります。砂の取れる量が一定になり、距離感が合うのでピンに寄せることができます。

　これはロブショットにも共通するポイントなので、しっかり練習してマスターしてください。

USE THE RIGHT HAND
MAINLY

スイング中に体が止まると、フェースはターンしやすくなるので体の回転を止めない

右手のヒンジングを使い、フォローでフェースが自分の顔を向くように振り抜いていく

バンカーショットに
フェースターンは必要なし

NO やってはいけない

バンカーから確実に脱出してピンに寄せるには、フェースの使い方がカギを握ります。いちばんやってはいけないのが、通常のショットのようにフェースをターンさせてしまうことです。フェースがターンすると、サンドウェッジのソールにあるバンスが引っ込んで、リーディングエッジが下を向きます。これではエッジが砂の中に深く潜り込んでヘッドが抜けなくなり、砂を飛ばすことができません。

48

目玉なんて怖くないフェースをかぶせて打ってはいけません

ショートアイアンなどでグリーンを狙ったボールがショートしてバンカーにドスン。ボールは無情にも砂にめり込んだ目玉状態というのも、よくあるケースです。

目玉のバンカーからはフェースを閉じて構え、上から打ち込むというのがセオリーといわれます。

しかし右手主体のスイングなら、目玉状態のバンカーからでも、楽に脱出することができます。

まずスタンスは、ほんの少しオープンに構え、フェースは閉じずに若干開きます。ボール位置は通常のバンカーショットと同じで、左足かかと線上にセットします。上から打ち込もうとして、ボールを右足寄りに置くと、ヘッドが砂に深く潜りすぎてしまうので注意してください。

あとは通常のバンカーショットを同じように打つだけです。フェースを閉じて打つと、ボールの飛び出す方向が安定しませんが、フェースを開けば、目標に真っすぐ飛ばすことができます。またある程度高さも出せるので、目玉からでもベタピンが狙えます。

USE THE RIGHT HAND MAINLY

目玉状態でもフェースをかぶせず、開いて構える。ボールの位置も左足寄りでかまわない

通常のバンカーショットよりは上から打ち込むイメージだが、右サイド主体で振っていく

フェースを閉じる打ち方はアゴが高いと通用しない

NO やってはいけない

バンカーで目玉になったら、フェースを思いきりかぶせて上から打ち込むというのが、最善の脱出法だといわれます。たしかにこの方法でもボールを出すことはできますが、低い弾道でしか打てないのが難点です。またボールの勢いが強いので、バンカーからは脱出できても、グリーンの反対側まで飛び出してしまうこともあります。アゴが低くて、ピンまでの距離がある場合でしか使えない方法といえます。

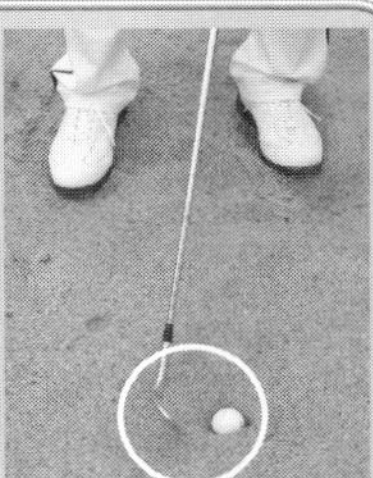

これさえできれば、あなたもサンドウェッジの達人

他のクラブと同様に、SWでも左手ではなく右手主体でスイングしなければ、ナイスショットやナイスアプローチは望めません。

SWは短くて扱いやすいために、つい手先で操作しやすいクラブでもあります。そこで右サイドをしっかり使ってスイングするための練習法を紹介しましょう。

まずボールを置いて、通常のSWのアドレスをとったら、フェースを大きく開いて構えます。

このまま振ると、ボールは当然右に飛び出します。どうやっても右に飛ぶという人は、左手主体のスイングになっている証拠です。

フェースを大きく開いた状態で、ボールを目標方向へ真っすぐ飛ばすには、右サイドをしっかり使って、フェースをスクエアに戻す動きが必要になります。このとき手のひらを返すようにフェースをターンさせて戻そうとすると、ボールは左に引っ掛かります。

右サイドを一体化させ、正しくリストを使って振るのに効果的な練習法なので、ぜひトライしてみてください。

USE THE RIGHT HAND
MAINLY

リーディングエッジが体の正面を向くくらい、極端にフェースをオープンにして構える

フェースを大きく開いたまま、通常のショットと同じようにバックスイングする

しっかりと右サイドを使ってスイングし、インパクトでフェースをスクエアに戻す

ボールが右に飛び出さず、目標方向に真っすぐ飛べば、右サイドがしっかり使えた証拠だ

POINT ここに注目

左サイド主体のスイングを自然に矯正できるドリル

ボールに対してヘッドをクリーンにあてていきたい意識が強くなりがちなアプローチは、どうしても左サイド主体のスイングになりやすいといえます。それを矯正するための練習法が、このフェースを大きく開いて打つドリルです。左サイド主体でグリップが先行する打ち方では、フェースを戻せずにそのまま右に飛び出します。自然と右サイドを使ったスイングが身につくので、ぜひトライしてください。

50

これがアプローチの基本。右手打ちで1ヤードを打てるようになろう

フェースを大きく開いて打つドリルと同じく、SWのアプローチに強くなるための効果的な練習法が、SWで1ヤードの距離を打つドリルです。

実際に打つボールの1ヤード先に、もうひとつ別のボールを置き、そのボールに直接キャリーであてるようにショットします。

たかが1ヤードと思うかもしれませんが、やってみると意外に難しく感じます。

特に手先だけでコツンと打ったり、左手主体で振っている人は、ボールの高さも強さもバラバラになり、1ヤードを正確に打ち分けることができないはずです。

たとえ1ヤードでも右サイドをしっかり動かしてやれば、フェースが低く長く動き、軌道も安定します。フェースにしっかりボールが乗るので、常に同じ高さで1ヤードキャリーさせることができるようになります。

アプローチのすべての基本が、このたった1ヤードのドリルに集約されているといっても、過言ではないのです。

USE THE RIGHT HAND
MAINLY

1ヤード先にボールをもうひとつ置き、そこまでキャリーさせる強さで打ってみよう

フェースにボールを乗せ、高さと強さが一定になるように繰り返し練習するといい

左サイドで打つから 1ヤードが正確に打てない

NO やってはいけない

サンドウェッジで1ヤードキャリーさせるだけなのに、なかなか上手くいかないのは、多くのアマチュアが左サイド主体のスイングでアプローチをしているからです。左サイド主体で振ると、グリップが先行してヘッドの入射角が鋭角になります。これではインパクトが点になってしまいます。ボールに対してヘッドが薄く入ったり、厚く入ったりしやすいので、打ち出しの高さや強さが一定になりません。

COLUMN 4

体の歪みを直すと、あっという間にスイングがよくなってしまう

「どんな人の体も歪《ゆが》んでいる」と、原英樹さんはいいます。人は、知らず知らずのうちに片寄った生活をしているのです。たとえば、右利きは右利きの片寄った生活を。また、右ハンドルの車を運転し続けた人と、左ハンドルに乗っている人では体の歪みも違います。つまり、日常生活の条件で人の体の歪みは千差万別。とても個性的に歪んでいるといわなければならないそうです。骨盤、股関節まわりと、肩、首まわりが歪んでいる最大のエリア。

　では、どうしたらいいのでしょう。もっとも早く、効果があるのは整体。私が教えているひとりに、左腰が引けてしまう生徒がいました。なかなか直らないので原さんの施術を受けてもらいました。彼の場合、骨盤の歪みに問題があったようですが、施術後ボールを打ってもらうと、左腰が引ける癖が消えていました。どの番手で打っても正しい弾道で飛んでいく。その生徒は、正しく体を整えることによって、体が上手に使えるようになったことを実感したそうです。

第4章

右手打ちだから可能な7番ウッド自由自在

Master 7 wood club freely !

フェアウェイバンカーをはじめ、どんなライからもグリーンにとどかせ、そしてピタリと止めるには、7番ウッドが最高！「右手のゴルフ」ならではのテクニックを伝授！

USE THE RIGHT HAND MAINLY

右手ゴルフは
連続写真を見ればよくわかる!!
[7番ウッド]

USE THE RIGHT HAND
MAINLY

連続写真のスイングプレーンを見ると、ダフらせるくらいの気持ちでスイングしていることがわかる。このほうが、様々なライに対応できるのだ。ダウンブローに打つと、ボールが上がりすぎ、球筋も不安定になる。

左サイド主体で打てば、ダウンブローになりやすい。その結果、ボールが吹き上がったり、左に引っかかったりしてしまう。写真のスイングは、ヘッドが低い位置に入り、低い位置に抜けていく、7番ウッドの理想的なものだ。

右で打つからヒッカケない。ポイントはスイング軌道だ

7番ウッド（7W）は力がなくても楽にボールが上げられて、どんなライからでもやさしく打てるクラブですが、ボールが吹け上がって高く上がりすぎたり、左へのヒッカケなどが怖くて使えないという人もいます。

たしかに7Wはロフトがあり、つかまりのよいクラブですが、ボールの吹け上がり、つかまりすぎは、クラブではなく、スイングに問題があるからです。

手のひらを返すように、腕や手首のローリングを使ってフェースをターンさせる。左サイド主体のスイングで上からヘッドを打ち込む。このようなスイングでは、7Wの持つメリットを活かすことができません。

正しいグリップで正しい手首の使い方をし、右サイドを主体にスイングしてやれば、ヘッドは低く長く動き、スイング軌道もゆるやかになるので、吹け上がりや左へのミスは出ません。

7Wは力で飛ばすクラブではないので、ゆったり大きくスイングすることを心がけましょう。

右サイド主体に払い打つようにスイングすれば、適正なスピンの高弾道ショットが打てる

左手のコッキングと右手のヒンジングでヘッドをターンさせれば、左へのミスは怖くない

上から打ち込むスイングだから吹け上がる

NO やってはいけない

左サイド主体でアイアンのように上から打ち込むと、ロフトの大きい7Wではスピン量が増えすぎて、ボールが吹け上がってしまうので注意。

腕や手首でヘッドを返すと左にヒッカケる

NO やってはいけない

7Wはもともとつかまりのよいクラブ。手首や腕のローリングを使うと、急激にヘッドが返ってしまうので、フック回転が強くなりすぎる。

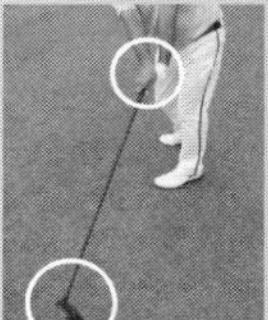

グリップの〝あまり〟で3つの距離を打ち分ける

７Wなどのショートウッドは、グリーンを直接狙ったり、次打が打ちやすいところにレイアップしたりと応用範囲の広いクラブです。

それだけに思ったとおりの距離を打ち分けることができれば、スコアメイクの武器になります。

ひとつのクラブでいろいろな距離を打ち分けるのは、アマチュアには難しいと思うかもしれませんが、実はとても簡単にできるのです。

その方法はクラブを持つ長さを変えてあげればいいのです。

たとえば、通常の長さで握ってショットしたときに１８０ヤード飛ぶ人なら、グリップの真ん中くらいで短く持てば、飛距離は約10ヤード落ちます。もっと短く、シャフトの近くを持てば、約20ヤード落ちて１６０ヤードになります。

右サイド主体のスイングなら、ヘッドの入射角が一定になり、インパクトが点ではなくゾーンでボールをとらえることができます。

スイングを変えなくても、グリップを短く持ったり、長く持ったりするだけで飛距離をコントロールすることができるのです。

USE THE RIGHT HAND
MAINLY

飛距離を出したいときはグリップを長く持つ。また長く持つと、打ち出しの弾道は高くなる

飛距離を抑えたい、弾道を抑えたいときは短く持つ。どのくらい落ちるかは練習で試す

左主体で打つと自在に距離を打ち分けられない

NO やってはいけない

左サイド主体の打ち込むスイングでは、インパクトは点になる。ヘッドの入る角度や打点がズレやすいので、距離の打ち分けが難しくなる。

右手主体ならグリップの長さで距離を調節できる

POINT ここに注目

右サイド主体ならヘッドが低く長く動き、常に同じロフト角でボールにあたる。高さとスピン量が一定になるので、距離の打ち分けはやさしい。

高低を打ち分ける基本はアドレスにあり

グリップの長さによる距離の打ち分け同様、7Wで弾道の高低も打ち分けることができるようになれば、スコアメイクにたいへん役立ちます。

ショットの高低を打ち分けるなんていうと、上級者レベルの話に聞こえるかもしれませんが、実はこれも簡単にできます。

もちろんスイング自体を変えて弾道を変えるわけではありません。

アドレスの構え方を変えるだけで、弾道を変えることができるのです。

そのポイントは肩の向きです。

たとえば、打ち出したいライン上に木などがあり、ボールを高く上げたいときは、アドレスで右肩を下げ、左肩を上げて構えます。

逆に、アゲンストの風が強かったり、枝の下を抜くのに低いボールを打ちたいときは、左肩を下げ、右肩を上げます。

あとは右サイドを主体に、普段どおりのスイングをするだけです。

高い球は目線を高く、低い球は目線を低くするだけでも、肩のラインは自然に変わるので、練習場やコースで試してみてください。

ボールを上げたいときは目線を高くし、その目線に合わせて右肩を下げる

変えるのはあくまでも肩のラインだけ。下半身は普段と変えずにアドレスする

弾道を低く抑えたいときは目線を低くし、その目線に合わせて左肩を下げる

左肩を下げても右手は下にあるので、肩のラインは地面と平行に近づくだけ

体全体を傾けてしまうと逆の結果になりやすい

NO やってはいけない

ボールを上げたいとき、体全体を右に傾け、下からしゃくり上げようとすると、フェースの下のほうにボールがあたりやすく、低い弾道になってしまいます。逆に低く抑えようとして体全体を左に傾け、クラブを上から打ち込むと、フェースの上側にあたりやすく、振り遅れてフェースも開くので高く上がります。打ちたい弾道と逆の弾道が出てしまいます。アマチュアに多いミスの原因はここにあります。

55

7番ウッドだから簡単。左足上がりは左足体重で立つだけ

長さがあってロフトも立っているフェアウェイウッドで、傾斜地からナイスショットを打つのは、上級者でも難しいといわれます。

しかし、短くてロフトのある7Wなら、傾斜地からもやさしく打てます。これが7Wを多用する大きなメリットといえます。

加えて、右サイド主体のスイングは、ボールに対してヘッドの軌道がゆるやかなので、どんな傾斜地にも対応できるのです。

まず左足上がりですが、傾斜地からのショットは、アドレスがとても重要になります。左足上がりは目標方向に対して上りの傾斜になるので、ボールを上げやすく、さほど難しいライではありません。

ただ平らなライよりもロフトが大きくなるので、高く上がりすぎると飛距離をロスしてしまいます。

アドレスでは斜面に対して平行ではなく、若干斜面に逆らうように立ちましょう。これでロフトが寝すぎるのを防ぐことができます。

あとは平らなライと同じように、右サイドを主体にして、いつもどおりのスイングをするだけです。

USE THE RIGHT HAND MAINLY

左足上がり

バランスを崩しやすいので、スタンスを少し広めにする。ボールは若干中央寄りに置く

右サイドを主体にスイング。左へ体重移動せずに、その場で回転するイメージを持とう

斜面に逆らうように立つが、やりすぎはミスのもと

NO やってはいけない

左足上がりでは若干、斜面に逆らうようにアドレスするといいましたが、やりすぎは禁物です。極端に、斜面に逆らって立ってしまうと、左サイド主体に上から打ち込むスイングになりやすいからです。左足上がりの斜面に対して、上から急角度にクラブが下りてくると、フォローでのヘッドの抜けが悪くなります。ボールにぶつけて終わりのスイングになり、ダフリやヒッカケのミスにつながります。

56 左足下がりはクローズドスタンスで斜面に平行に立つ

傾斜地からのショットで難易度が高いのが、左足下がりのライでしょう。左足上がりとは逆に下り斜面になるので、平らなライよりもロフトが小さくなり、ボールを上げるのが難しくなり、苦手にしているアマチュアも多いはずです。

　こういう状況でこそ、ロフトが大きくて、ボールもつかまりやすい、７Ｗの特性が最大限に活かせるのです。

　ここでもやはり重要なのはアドレスです。左足上がりでは若干、斜面に対して逆らうように立ちましたが、左足下がりでは斜面に対して平行になるように構えます。

　左足上がりと違い、ボールの右側が高くなっているので、斜面に逆らって立つと、手前をダフリやすくなってしまうからです。

　そしてもうひとつ重要なポイントが、スタンスをクローズにすることです。左足下がりでは当然、低いほうの左サイドに体重が乗り、体も流れやすくなります。クローズドスタンスでそれを防ぐとともに、右サイドを主体にしたスイングもしやすくなるのです。

左足下がり

右足を後ろに引いてクローズドスタンスに構えれば、左足下がりでもバランスよく立てる

右サイド主体に、斜面に沿ってヘッドを振り抜く。ボールは7Wのロフトが上げてくれる

無理に上げようとするから手前をダフってしまう

NO やってはいけない

左足下がりのライでもっとも多いのは、ボールを無理に上げようとして、手前をダフってしまうミスです。体の動きでボールを上げようとすれば、ダウンスイングで右肩が下がります。左足下がりはボールの右側が高いので、当然ボールより先に地面にヘッドがあたってしまいます。無理に上げようとせず、斜面に沿ってスイングすれば、7Wはロフトが大きいので、しっかりボールは上がってくれます。

つま先上がりも、やっぱりクローズドスタンスで

次につま先上がりからの打ち方です。このライはスイング軌道がフラットになり、通常よりボールはつかまりやすくなります。

そもそもつかまりやすい7Wを、つま先上がりから打つのは、左へのミスが怖いと感じるかもしれません。しかしつま先上がりで極端なフックが出るのは、左サイド主体のスイングが原因です。

つま先上がりは体の背中側が低いので、左サイドで回転しようとするとかかと体重になり、余計に体が回ってしまいます。ヘッドを左に巻き込むようなスイングになるので、より強いフック回転がかかってしまうというわけです。

ではどうすればいいかというと、ボールは自然にドローがかかって、少し左に曲がるので、あらかじめ目標よりもやや右に向いて構えましょう。そこから肩や胸の向きは変えず、スタンスだけをクローズにします。あとは右サイド主体に振っていくだけです。

これならかかと体重になりにくいので、予想以上にボールが左に曲がることはありません。

つま先上がり

ボールが左に飛びやすいので、目標より右を向いて構え、スタンスだけをクローズにする

大振りするとバランスを崩しやすいので注意。コンパクトなスイングを心がけよう

グリップを短く握って体とボールとの距離を調節

POINT ここに注目

つま先上がりのライでは、ボールが自分の足より高い位置にあるので、必然的に体とボールの距離も近くなります。この状況でクラブをいつもどおりの長さで持ってしまうと、体とボールの距離が離れ、スイング軌道がフラットになりすぎてしまいます。つま先上がりではボールが近くなる分、グリップも普段より短めに握り、スイング軌道がフラットになりすぎないように注意しましょう。

難しいつま先下がりも右手で打てば上手くいく

つま先下がりもアマチュアが苦手とするライのひとつでしょう。

　しかしこの難しいライも、スタンスをクローズにすることで、ミスの確率を減らすことができます。

　つま先下がりは先ほどのつま先上がりとは逆に、つま先側が低いので、目標に向かってスタンスをスクエアにするとスイング中につま先に体重が乗って、体が前のめりになりやすいです。

　スタンスをクローズにすることでバランスよく立つことができ、また体重がつま先寄りにかかるのを防げるので、体とボールの距離をキープすることができます。

　ボールが足よりも低い位置にあるので、トップのミスが出やすいのも、このライの注意点です。アドレスではひざの角度を調節することで、ボールとの距離が遠くなりすぎないようにしましょう。

　このつま先下がりは通常、ボールが右に出やすいのですが、7Wのつかまりのよさがそれをカバーしてくれるので、ターゲットに対してストレートに狙っていくことができます。

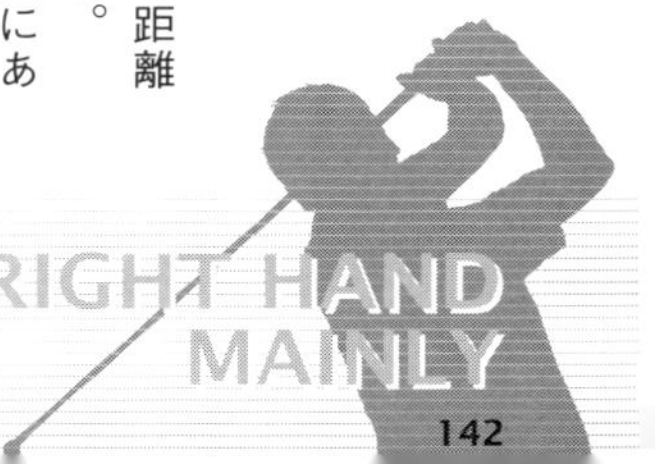

つま先下がり

クローズドスタンスなら、足の裏の拇指球で体重を支えられるので、バランスよく立てる

トップは高く上げない。7～8割のスリークォーターショットを心がけよう

かかと寄り体重だから つま先下がりから打てない

NO やってはいけない

つま先下がりで目標に対してスクエアにアドレスすると、低いつま先側に体重が乗るので、バランスを取ろうとしてかかと体重になりやすくなります。しかしこれでは下半身を使うことができず、手打ちしかできません。右に飛びやすいつま先下がりで左への逆球が出る人は、かかと体重になりすぎている可能性が大です。またボールとの距離が離れるので、ヘッドがボールに届かないというミスも出ます。

困ったときはクローズで、どんなライでもOK

左足上がりと下がり、つま先上がりと下がりという4種類の基本の傾斜地の打ち方を説明しましたが、ゴルフ場にはつま先上がりで左足下がりといった複雑な傾斜も当然存在します。

どの傾斜がショットにもっとも影響するかの判断は、ある程度経験も必要ですが、ほとんどの傾斜地はクローズドスタンスに構えることで対処が可能です。

たとえば坂や山の急斜面に立つときに、足を揃えてしまうとバランスを取るのが難しくなります。斜面でスイングするには、足を揃えずに構えたほうが、バランスが崩れにくいのです。

かといって、左足を後ろに引いたオープンスタンスだと、左サイドで回転するスイングになり、ヘッドは急角度で下りてきます。これではインパクトが安定せず、あらゆる傾斜に対応できません。

クローズに構えることで右サイドが自在に動かせるようになります。ゆるやかな軌道で安定したインパクトができる右主体のスイングなら複合ライも怖くありません。

つま先下がり＆左足下がり　**複雑な傾斜**　**つま先上がり＆左足上がり**

スタンスを広めに取って体を安定させ、ボール位置はいつもより少し右に置く

ボールの手前が高いので、少し上からヘッドが入るイメージで、斜面なりに振り抜く

複合ライで大振りは禁物 スイングはコンパクトに

POINT ここに注目

傾斜地でミスをしない最大のポイントは、絶対に大振りをしないことです。ただでさえバランスが崩れやすいのに、フルスイングをしては大きなミスにつながるだけです。それが複合ライならなおさらです。ある程度距離も稼げて、やさしく打てる7Wを持っているのですから無理は禁物です。常にコンパクトなスイングを心がけ、目標の許容範囲を広くすることで、無駄な大叩きを防ぐことができます。

フェアウェイバンカーこそ7番ウッドでリカバリー

フェアウェイバンカーにボールが入ると、ほとんどのアマチュアは、「バンカーだからアイアンしか使えない」と決めつけてしまう傾向があります。実はこんな状況こそ7Wが威力を発揮します。

アイアンはソールが薄く、ヘッドが砂に潜りやすいので、ボールだけをクリーンにとらえる必要があります。少しでもインパクトがズレれば、ダフリやトップのミスになるので脱出することさえ難しくなってしまいます。

7Wはシャフトの延長線上より左にリーディングエッジが出ているので、多少砂に沈んでいても、エッジがボールを拾ってくれます。

またソールが広いのでヘッドが砂に潜ることもありません。さらにロフトも大きくて、打ち出しが高くなるので、アゴが高い状況でもボールを上げることができます。

打ち方のポイントはグリップを少し短く握ること。あとは上から打ち込もうとせず、右サイドを主体にボールを横から払うイメージで打てば、確実に脱出できて、距離を稼ぐこともできます。

いつものショットより、グリップを指1本か、2本分程度、短く握るとダフリにくくなる

下半身もしっかり使って打ちたいので、足は砂に埋めない。ボール位置も左足かかと線上

砂の上でのスイングは足場が不安定になるので、トップは若干コンパクトにするイメージ

打ち込んで終わりではなく、フィニッシュまでしっかり体を回しきることが大切

クリーンにボールを打つ意識はいらない

NO やってはいけない

ボールをクリーンに打とうとして、上からヘッドを入れようとすれば、インパクトが安定せずミスに。7Wの機能を活かすこともできない。

ロフトを信じ、自分でボールを上げようとしない

NO やってはいけない

ボールを上げようとして、下からしゃくり上げるスイングになると、ダフリもトップのミスも出てしまう。ボールはロフトが上げてくれる。

この練習でどんなライからも打てるようになる

７Ｗは力がなくてもやさしくボールが上がって飛距離を稼げ、どんなライでも対応できる、アマチュアにとっては頼もしい武器です。

ただし右サイドをしっかり使ったスイングをすることが条件になります。そこで７Ｗが上手になるための練習法を紹介しましょう。

まずボールを地面に置いて打つのではなく、ティアップして打ちます。ティアップの高さはドライバーで打つときと同じくらい、なるべく高くしてください。

７Ｗはフェース厚が薄く、平べったい形状をしています。高くティアップした状態で、左サイド主体に上から打ち込むようなスイングをすると、ちょっとしたインパクトのズレで、ボールの下をヘッドがくぐってしまうなど、ミスが結果になってはっきりと出ます。

高くティアップすると無意識にレベルスイングで振ろうとするので、右サイド主体のスイングが自然と身につきます。

慣れたらティを徐々に低くしていき、地面に置いたときも同じイメージで打てるようにしましょう。

USE THE RIGHT HAND MAINLY

7Wのヘッドの上に完全にボールが出るくらい、高くティアップしてボールを打ってみる

ヘッドをレベルに振る意識が出るので、自然と右サイドを使ったスイングが身につく

NO やってはいけない

下からしゃくるスイングは打ち込むよりミスが出る

上から打ち込むのと同様に、高くティアップしたボールに対して、下からすくい上げる打ち方をしてもミスがはっきりと出ます。FWが苦手という人には、むしろこちらのタイプが多いといっていいでしょう。ヘッドが多少上から入ったり、手前をダフっても、広いソールが滑ってくれますが、上げにいくとボールの頭を叩いてチョロなどのミスが出るので、練習ではレベルスイングを心がけてください。

62

右手1本で打つ練習で右手のゴルフを完全マスター

　7Wを上手に使いこなすための効果的な練習法を、もうひとつ紹介しましょう。先ほどと同じように、ボールをティアップしますが、極端に高くせずに2～3センチの高さにします。

　この状態で今度は7Wを右手1本で持って振ります。片手打ちのドリルは7番アイアンの基本スイングのところでも紹介しましたが、打ち方はまったく同じです。ティアップしたボールを両手で打つときと同じく、上から打ち込んだり、ボールを上げようとせず、横から払うようにレベルに振ります。

　ここでもっとも意識してほしいのは、まず右手のリリースです。7番アイアンに比べてクラブが長いので、正しくリリースできないと、振り遅れやすいのです。

　右ひじ、右手首という正しい順番でタメを解放する動きを、このドリルでつかんでください。

　7Wを使い、ティアップしたボールを右手1本で打つドリルは、同時にドライバーショットの振り遅れを防ぐ練習にもなるので、しっかりマスターしましょう。

USE THE RIGHT HAND
MAINLY

両手で打つドリルと同じようにティアップするが、極端に高くする必要はない

ダウンスイングは右ひじ、手首の順にリリース。正しい腕の使い方を覚えることができる

POINT ここに注目

フィニッシュまで振りきり、右で打つ感覚をつかむ

この右手1本で打つドリルは右腕の正しいリリースを覚えることがメインですが、右サイドを一体化させて振る感覚をつかむための練習法でもあります。右サイドをしっかり使って体を回転させないと、手先でボールを打つことになり、ティアップしたボールを正確に打つことはできません。体を止めて手先で合わせても効果がありません。右肩が目標を向くくらいフィニッシュまで振りきりましょう。

COLUMN 5

イチロー選手をお手本にして、股関節を意識して、整えていこう！

昨今のゴルフ雑誌のレッスンページやレッスン書で、股関節という言葉を頻繁《ひんぱん》に見受けます。〝テイクバックでは体重を右の股関節で受け止める〟といったものです。ダウンスイングからフォローにかけては逆に、左の股関節で受け止めるわけですが、その股関節まわりは歪みが生じていることが多く、歪みが生じやすい箇所なのです。そんな重要な股関節を日常的にケアする方法はないものでしょうか？　そこで原英樹さんに伺ってみると、こんな答えが返ってきました。

「あのイチローをお手本にしたらいいでしょう」

バッターボックスに入る前のイチローは、ルーティンのストレッチをやります。あれこそが股関節を整える手っ取り早い方法だといいます。

手順は、肩幅より広く両足を開きます。そして胸を前に倒さず、できるだけ垂直にしたままひざを曲げ、腰を落としていきます。太ももの付け根にプレッシャーを感じるはずです。そこが股関節です。ポイントは上体を脱力することです。これはゴルフスイングにとっても重要なことです。

第5章

もっとクラブに仕事をさせよう

ゴルフをもっとシンプルにしましょう。そのためには、進化し続けるゴルフギアを上手に選び、正しく使うこと。あなたのクラブは、ちゃんと自分に合っていますか？

USE THE RIGHT HAND MAINLY

あなたは〝ウッド型〟か〝アイアン型〟か

ゴルフは14本のクラブという道具を使うスポーツです。それだけに自分に合ったクラブ選びも、スコアメイクには欠かせません。

自分にはどんなクラブがベストなのか。それはその人のスイングタイプで決まります。

スイングのタイプはおおまかに〝ウッド型〟と〝アイアン型〟の2つに分類できます。

手首を使わずにゆったりと振る人は、ボールに対するヘッドの入射角がゆるやかになります。これがウッド型のスイングです。

逆にリストアクションが大きく、素早く振る人は、ヘッドが少し上から入ってくるのでアイアン型のスイングといえます。

たとえば、8番アイアンでターフが取れる人はアイアン型、取れない人はウッド型といえます。

右サイド主体のスイングでも、この2つにタイプは分かれます。

ドライバーからアイアン、ウェッジ、パターまで、それぞれのタイプに合ったクラブで統一することが、クラブセッティングで失敗しないコツです。

USE THE RIGHT HAND MAINLY

FW
#3、#5
・テーラーメード ロケットボールズツアー
ディアマナ イリマ 60S
#7
・ロケットボールズ
ディアマナ イリマ 70S
D
・テーラーメイド ロケットボールズ 9.5°
・ファイヤーエクスプレス 65S
46.5インチ
UT
・テーラーメイド
ロケットボールズ
ツアー
フブキ AX S
P
・スコッティーキャメロン
カリフォルニア
ファストバック 33インチ
AW SW
・ヨネックス
ツアーフォージド 52°、58°
ダイナミックゴールド S200
I
#5 ～ 9. PW
・ヨネックス i-EZONE フォージドPB
モーダスS

スイングタイプでわかる、あなたに合ったドライバー

ウッド型、アイアン型それぞれのスイングタイプには、どんなドライバーが合うのでしょう。

まずウッド型スイングはヘッドの入射角がゆるやかで、インパクトゾーンが低く長いのが特徴です。

このタイプはインパクトでフェースの上下よりも、左右に打点がズレやすく、弾道はスピン量の少ないライナー系になります。

したがって、左右のミスヒットに強い、フェース厚が薄くて横に平べったいシャロータイプのヘッド形状をしたドライバーが、ウッド型のスイングに合います。

一方、ヘッドが上から入るアイアン型は、インパクトで左右よりも上下に打点がズレやすく、スピン量の多い高い弾道になります。

このタイプは上下のミスヒットに強い、フェースが厚くて投影面積の小さいディープフェースのヘッドがマッチします。

シャフトはゆっくり振るウッド型は軟らかめ。クイックに振るアイアン型は硬めのシャフトを選択すると、タイミングが合うので振りやすくなります。

ドライバー DRIVER

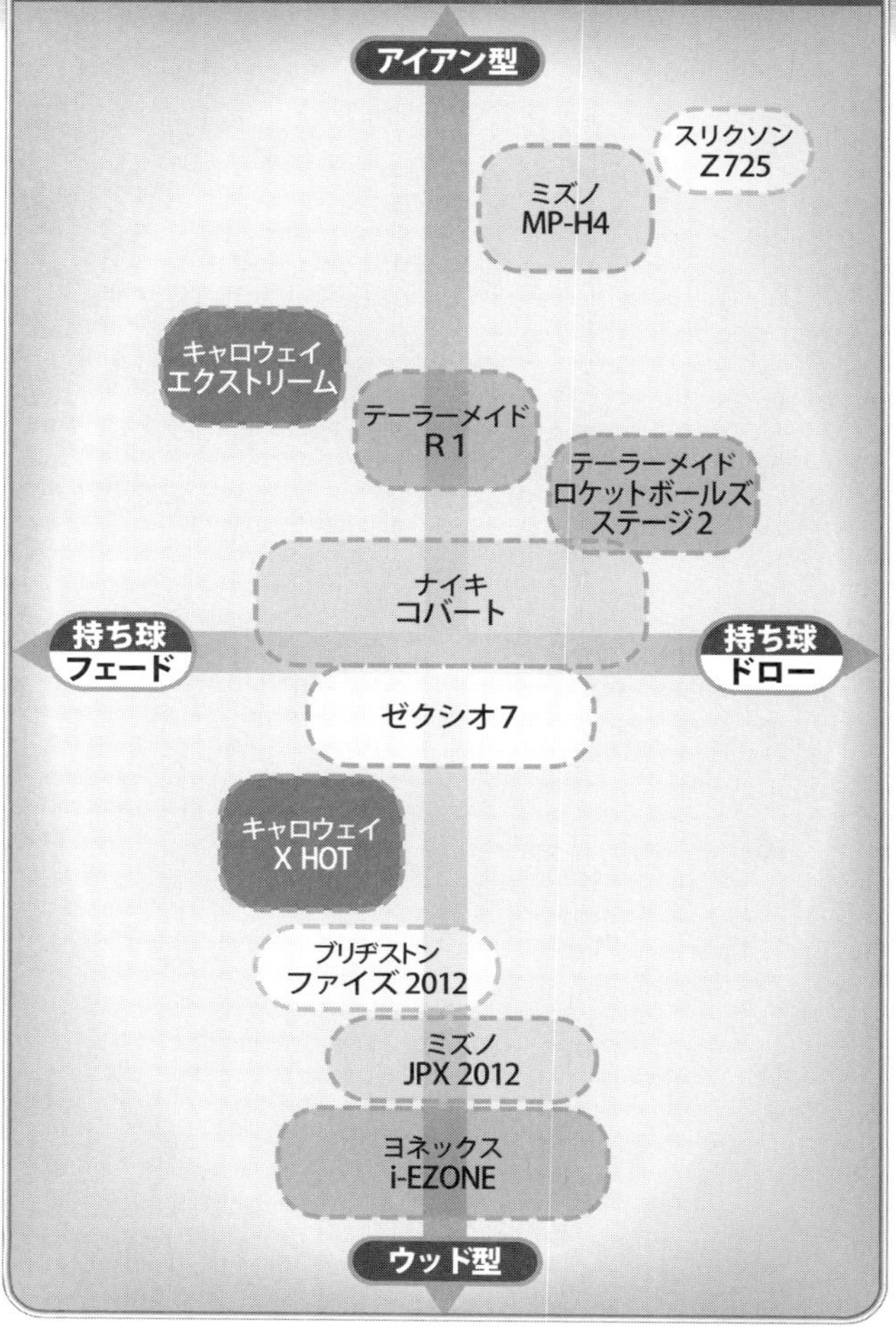
アイアン型
スリクソン
Z725
ミズノ
MP-H4
キャロウェイ
エクストリーム
テーラーメイド
R1
テーラーメイド
ロケットボールズ
ステージ2
ナイキ
コバート
持ち球
フェード
持ち球
ドロー
ゼクシオ7
キャロウェイ
X HOT
ブリヂストン
ファイズ 2012
ミズノ
JPX 2012
ヨネックス
i-EZONE
ウッド型

アイアン選びのポイントは ヘッドの入射角

次にアイアン選びのポイントですが、ヘッドの入射角がゆるやかでボールが上がりにくいウッド型はソール幅が厚めで、低&深重心のアイアンを選ぶといいでしょう。ボールが上がりやすく、スイートスポットが左右に広いので、スイングの欠点をカバーしてくれます。

一方、ヘッドが上から入ってスピン量が多いアイアン型は、ソール幅の薄いセミキャビティやマッスルバックなど、上級者向けのヘッドを選ぶと、芯でボールをとらえる確率が高くなります。

ここで以前から親交があるシングルプレーヤー・俳優の舘《たち》ひろしさんのセッティングを紹介しましょう。

1W／オノフ（9度・S）、FW／オノフプラス3W・5W（SR）、UT／オノフUT21度・24度（S）、アイアン／オノフ赤アイアン5I～AW（S）、SW／オノフフォージド58度（バンス10度）、PT／マグレガーIMG5

ちなみに、舘さんのスイングはアイアン型です。

アイアン IRON

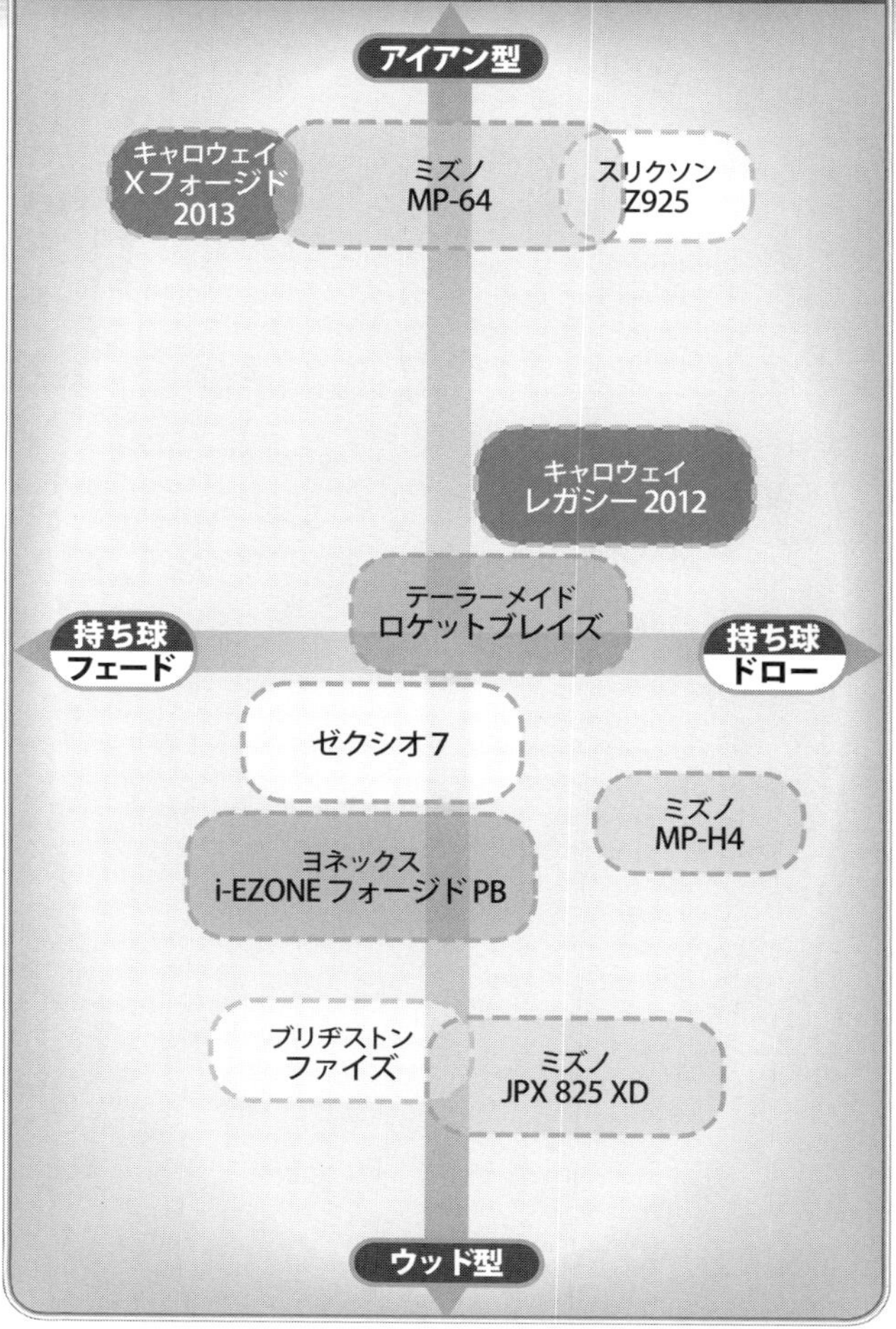
アイアン型
キャロウェイ
Xフォージド
2013
ミズノ
MP-64
スリクソン
Z925
キャロウェイ
レガシー 2012
テーラーメイド
ロケットブレイズ
持ち球
フェード
持ち球
ドロー
ゼクシオ7
ミズノ
MP-H4
ヨネックス
i-EZONE フォージド PB
ブリヂストン
ファイズ
ミズノ
JPX 825 XD
ウッド型

サンドウェッジのロフトとバンス、どう選んだらいいの？

スコアメイクの要であるアプローチに使うサンドウェッジを選ぶときは、バンスの大きさとロフト角がポイントになります。

バンスとはサンドウェッジのソールにある膨らみのことで、この数値が大きくなると、リーディングエッジが地面から浮く度合いも大きくなります。

ウッド型スイングはアプローチでもヘッドの軌道はゆるやかになります。ボールの前後でソールを地面に滑らせるように使っていくので、バンスの大きい（10度以上）ウェッジのほうがミスは少なく、機能を活かすことができます。

逆に、アイアン型はヘッドを上から入れて、ボールをクリーンにとらえるので、バンスが大きいと地面に弾かれてミスにつながります。なので、アイアン型はバンスの小さいタイプがベストマッチです。

次にロフトですが、これはＡＷとのロフト差で決まります。ＡＷが52度なら56度、ＡＷが54度なら58度というように、その差が４度になるようにすると、飛距離のバランスが揃いやすくなります。

SWはロフトとバンスがポイント

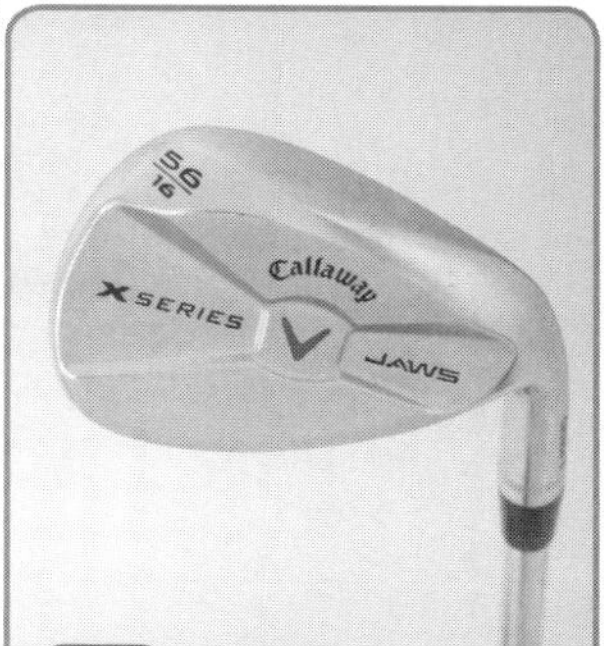

56° キャロウエイ
JAWS（バンス16度）

バンスが大きいのでバンカーからもやさしく打てる。AWのロフトが52度の人に。

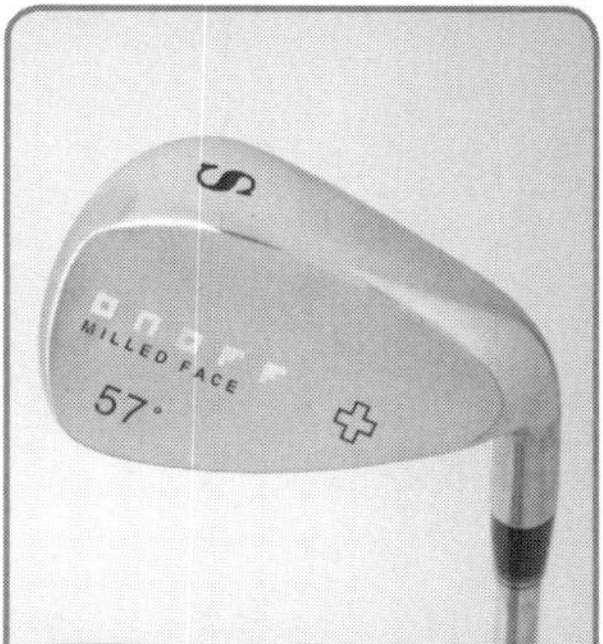

57° グローブライド　オノフ
プラス（バンス 11 度）

バンス、ロフト角ともに中間に位置し、どんなタイプにも合う万能型ウェッジ。

58° クリーブランド
TA-588（バンス8度）

バンスが小さいので、ボールをクリーンにとらえやすい。アイアン型の人向き。

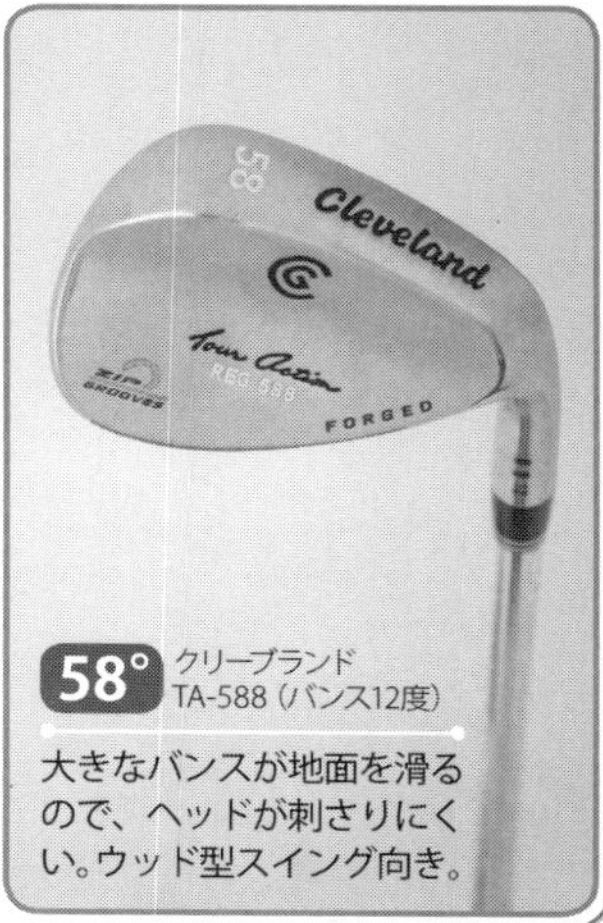

58° クリーブランド
TA-588（バンス12度）

大きなバンスが地面を滑るので、ヘッドが刺さりにくい。ウッド型スイング向き。

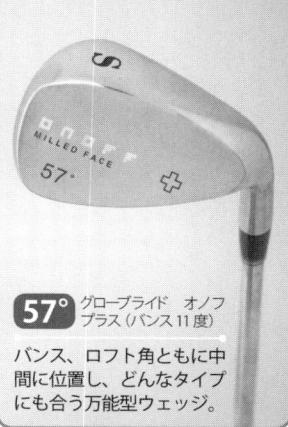

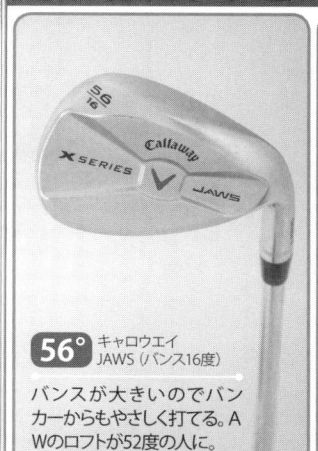

あなたにピッタリのパターをどう探す？

　大きなストロークで打つ必要がないパター選びは、ドライバーやアイアンとは別モノと思うかもしれませんが、ウッド型、アイアン型それぞれのヘッドが描く軌道のイメージは、パッティングのストロークにもそのまま表れます。

　ウッド型スイングの人はヘッドを低く長く、ストレートに動かすイメージを持っています。このタイプはマレット型やネオマレット型など、フェースバランス系のパターを使ったほうが、自分のイメージとピッタリ合うので、正確にストロークしやすくなります。

　一方、アイアン型スイングの人はヘッドの開閉を使って、インからインに振るイメージになります。

　こちらはピン型やL字型のようなショットに近いイメージで使えるタイプのパターが合います。

　ちなみにT・ウッズはピン型、石川遼はL字型のマレットを使っています。どちらもアイアン型スイングなので理に適《かな》っています。

　パターに関しては、次ページから始まる第6章でも触れているので、ぜひ参考にしてください。

USE THE RIGHT HAND
MAINLY

第6章

パターも右手がポイント!!

Key of putting is also how to use the right hand !

スコアメイクにパッティング技術の向上は欠かせない。もちろん、パットも右手を主導にするのだ。そして、あなたが使っている形状別パターの打ち方も教えましょう！

USE THE RIGHT HAND MAINLY

1ラウンドのパット数を30以内におさめるグリップ

ショット同様、グリーン上のパッティングも右手を主体にストロークしていくわけですから、主役となる右手のグリップには細心の注意を払いたいものです。

パッティングで重要なのは、方向性と距離感の2つですが、その距離感を持っているのは、右利きの人であれば当然右手になります。

基本スイングのグリップの項でも説明しましたが、グリップの握り方には親指を短く詰めて握るショートサムと、長く伸ばして握るロングサムの2タイプがあります。

通常のショットのグリップ同様、パッティングの右手グリップもショートサムで握ります。

それぞれの握り方をして、実際にパッティングしてみるとわかりますが、ロングサムよりショートサムで握ったほうが、距離感が合いやすいはずです。

ショートサムで握ることにより、指先の繊細な感覚が活きてくるのでタッチが出せるのです。人間が本来持っている感覚を使うことができれば、パッティングは格段にやさしくなります。

USE THE RIGHT HAND MAINLY

パターもショートサムで握る

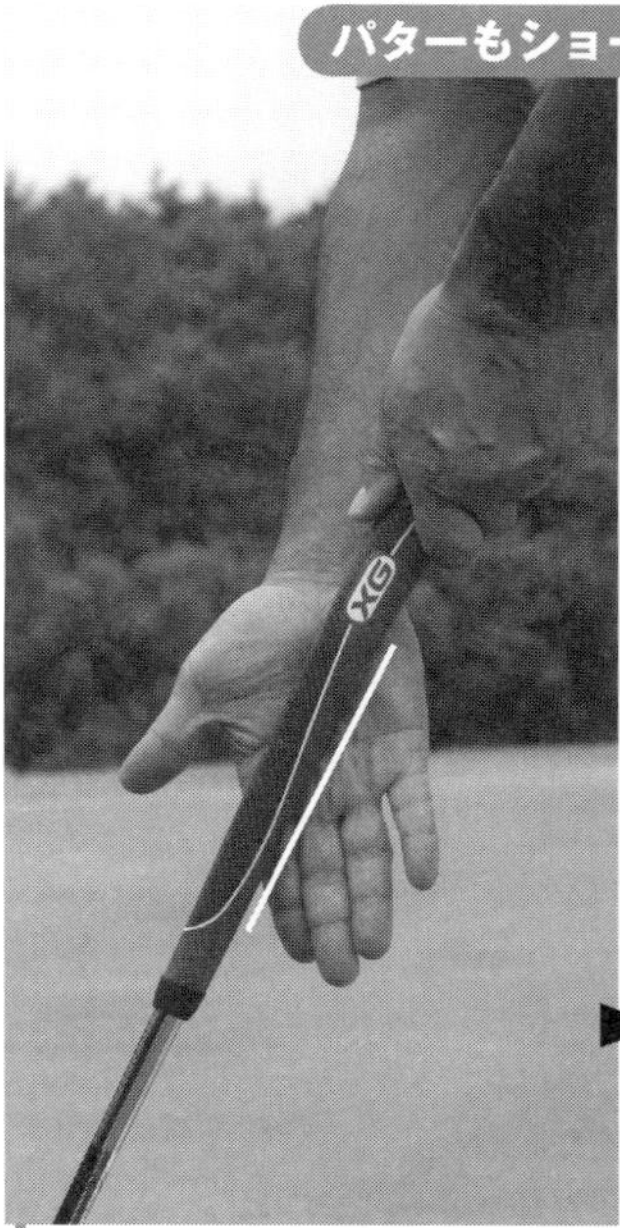

手のひらに対してグリップが斜めになるようにして、全体で包み込むように握る

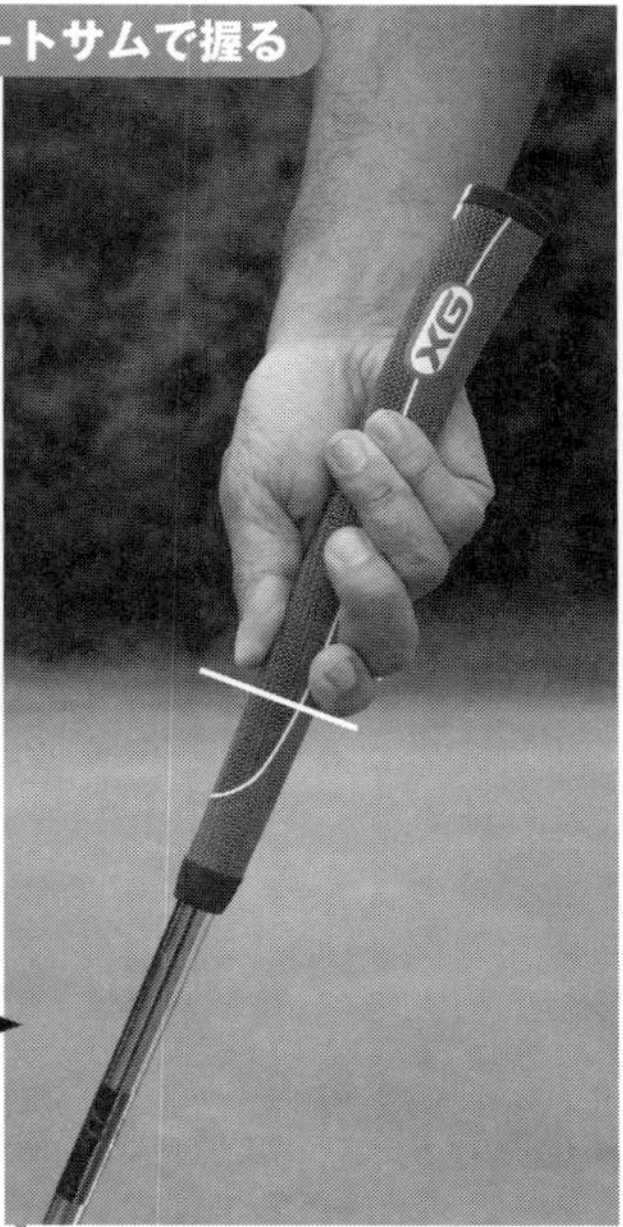

目標方向からグリップを見たとき、親指が人差し指より下に出ないのがショートサム

右手がロングサムだと利き腕の感覚が活かせない

NO やってはいけない

パッティングの右手のグリップも、指を短く詰めたショートサムで握るのが理想です。グリップをするときに親指を長く伸ばすロングサムで握ってしまうと、手首が伸びきってハンドアップの状態になり、腕にも余計な力が入ってしまいます。これでは利き腕である右手が持っている、繊細な感覚を活かすことができません。距離感のバラツキに悩んでいる人は、右手のグリップをチェックしてみましょう。

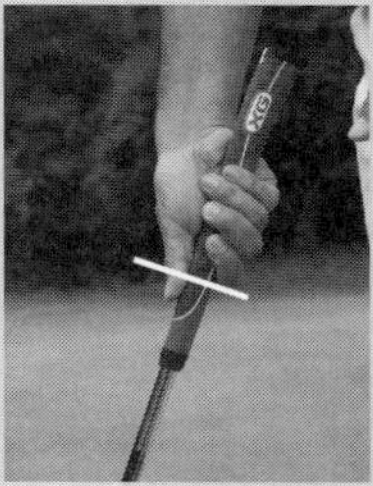

右手を活かす左手のグリップは同じショートサムで握る

次に左手のグリップですが、こちらも右手同様、親指を短く詰めるショートサムで握ります。

右手がショートサムで、左手がロングサムなど、左右で違う握り方をしては、両手の一体感が失われ、タッチも合わせにくくなるので注意しましょう。

左右ともにショートサムでグリップしたら、次に重要なのはどのくらいの強さで握るかというグリッププレッシャーです。

まず基本として、パッティングは飛距離を出すものではなく、方向性と距離感を合わせることが大事なので、どのクラブよりもいちばん強いプレッシャーで握ります。

次に左右の力配分ですが、もちろんパッティングも右手主体に打ちたいので、左手よりも右手が優位になります。左手は軽く添えるだけで、ほとんど右手だけで握っている感覚を持ってください。

左手のグリップが強くなり、右手よりも優位になると、距離感を持っている右手の感覚を殺してしまいます。左手で握る意識をいかに消せるかが上達のポイントです。

USE THE RIGHT HAND
MAINLY

グリップの握り方の手順は右手と同じ。手のひらに対して、斜めにグリップを通す

親指が人差し指よりも下に出ないように、親指を伸ばさずにショートサムで握る

ヘッドを走らせる必要がないので、グリップ プレッシャーは強めにして、手首を固定する

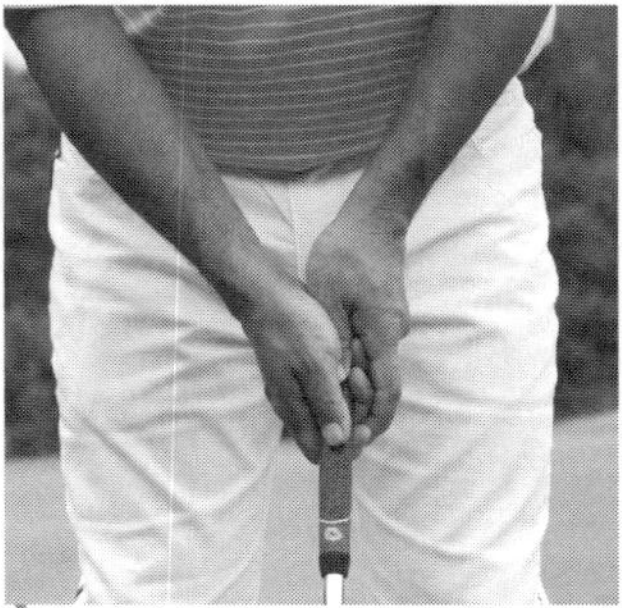

左手は軽く添える程度で、できるだけ感覚を消す。右手1本で持っている意識が必要

ロングサムグリップでは左手の感覚を消せない

NO やってはいけない

右手同様、左手のグリップもロングサムで握ってしまうと、手首が伸びてハンドアップの状態になり、スムーズなストロークの妨げになります。できるだけ左手の感覚を消して、右手主体にストロークするのですから、自然な形で握るのがベストです。それとグリップをゆるゆるにするのもNGです。ゆるく握って手首が自由に動かせると、無意識にパンチが入ったりして、距離感が合わせにくくなります。

アドレスは、65ヤードを打つときのサンドウェッジと同じ

繰り返しいいますが、パッティングで重要なのは方向性と距離感です。ヘッドを走らせて、遠くへ飛ばす必要性がないので、それに見合ったアドレスをしなくてはいけません。

　まずスタンスの幅ですが、飛ばす必要がないのですから、サンドウェッジのアプローチと同じか、やや狭めでもかまいません。

　次にボールの位置ですが、ヘッドがスタンスのちょうど真ん中で、シャフトが地面と垂直になるように構えるので、必然的に中央より左側に来ます。ボールをスタンスの中央に置いてしまうと、手が左に出たハンドファーストの構えになり、左手主体のストロークしかできなくなります。

　もっとも重要なのは、ボールとの距離です。ボールは目の真下が基本とされていますが、ボールが体に近いと左サイド主体のストロークになりやすいのです。

　目の真下よりボール2〜3個分、外側に置くことで、右サイド主体のストロークがしやすく、軌道も安定します。

パターのシャフトが地面と垂直になるように、ヘッドをスタンスの中央にセットする

目の真下より2〜3個分外側にボールを置き、体との距離が近づきすぎないようにする

NO やってはいけない

かかと体重のアドレスだと軌道が不安定に

アドレスでかかとに体重が乗ると、ストロークが極端なインサイドイン軌道になりやすい。ボールとの距離が近すぎるとかかと体重になりやすい。

POINT ここに注目

ボール位置は目の真下より外側に置く

右サイドを使うには目の真下よりボールを外に置くのがコツ。フォローで左サイドがつまることなく、スムーズにストロークできるようになる

パッティングは振り子運動ではない

ゴルフ専門誌やレッスン書では、「パッティングは振り子運動だ」という理論が主流です。

手先はほとんど動かさず、腕の付け根の肩を回転させることで、ヘッドを動かしてストロークするということになります。

たとえばグリーンでクラブを持たず、カップに向かって右手でボールを転がしてみます。きっとゴルフをしたことがない人でも、カップにそこそこ寄せることができるはずです。誰でもそのくらいの距離感は持っているのです。

手を動かさない振り子運動では、利き腕が持つ距離感が、まったく活かせなくなってしまいます。

正しいパッティングのストロークとは、決して振り子運動ではないというのが、私の考えです。

利き腕である右手を主体にして、グリップとクラブヘッドを平行に動かすイメージでストロークすれば、自然と距離感は合います。

またフェースの開閉も起こりにくいので、常にフェースの芯でボールをとらえられるため、パッティングが安定してきます。

USE THE RIGHT HAND MAINLY

実際には両手でグリップをするが、意識としては右手1本でストロークする感覚を持とう

グリップエンドを支点にした振り子ではなく、ヘッドとグリップを平行に動かすイメージ

フォローでもシャフトは地面と垂直になる。ヘッドが地面スレスレを低く長く動く

振り子式ストロークでパッティングが下手になる

NO やってはいけない

通常のショットと同様、パッティングもインパクトゾーンでヘッドが低く長く動けば、ミスヒットは減り、方向性も距離感も安定してきます。しかし振り子式のストロークだと、ヘッドがUの字を描くような上下の運動にしかなりません。これでは利き腕である右手の感覚が活かせないだけでなく、フォローで体が起き上がりやすいなど、ストローク自体も不安定になってしまいます。

ソールを地面《グリーン》から離さずにロフトどおりに打とう

パッティングではインパクトゾーンで、できる限りヘッドが低く長く動くようにストロークすることが大切です。

　パターのフェースは地面に対して直角ではなく、数値でいうと約2〜4度のロフトがついています。

　もしロフトがないと、打ち出されたボールは無回転で横滑りしてしまい、転がりが悪くなります。

　ヘッドを低く長く動かすことで、常に同じロフトでインパクトすることができ、転がりが一定になるというメリットがあります。

　そのためには、インパクトゾーンでヘッドと地面の距離が変わらないようにストロークすることが大切です。

　前頁でも説明したように、グリップエンドを支点にした振り子運動ではなく、ヘッドとグリップを平行に動かすイメージでストロークすれば、ヘッドを低く長く動かすことができます。

　これなら常にロフトが変わらないので、いつでも同じ転がりのボールが打てるようになり、タッチも合ってきます。

USE THE RIGHT HAND MAINLY

ヘッドを低く長く動かせば、
球の転がりが一定になる

振り子式はインパクトのロフトが一定にならない

NO やってはいけない

私が振り子式のパッティングをおすすめしないのは、インパクトしたときのロフトが一定になりにくいというのも、理由のひとつです。振り子式のストロークはヘッドが上下に動くので、ボールの位置が少しズレただけでもインパクト時のロフトが変わってしまいます。当然、顔や体が動いてもロフトは変わります。同じイメージ、振り幅で打っているのに転がりが違うと、タッチの感覚が磨かれません。

73

ストローク中はフェースの開閉を最小限に

ヘッドを地面と水平に低く長く動かし、フェースのロフト角を変えずに打つとともに、もうひとつ大事なことはフェースの向きがあります。

ドライバーやアイアンのショットでは、ヘッドを走らせてボールをつかまえるために、フェースターンが必要でした。

しかしその必要がないパッティングでは、できるだけフェースの開閉がないほうが、安定したストロークができます。

テークバックでフェースが開けば、当然インパクトに向かって今度はフェースを戻してくる必要があります。しかし毎回インパクトの瞬間に、寸分の狂いなくスクエアに戻すのは、機械のような精度がない限り無理です。

アドレスでシャフトを地面と垂直に構え、右手主体にヘッドとグリップを平行に動かす意識でストロークすれば、フェースの開閉を最小限に抑えることができます。

いつでも狙ったラインに正確に打ち出すことができれば、3パットのミスも減らせるはずです。

USE THE RIGHT HAND MAINLY

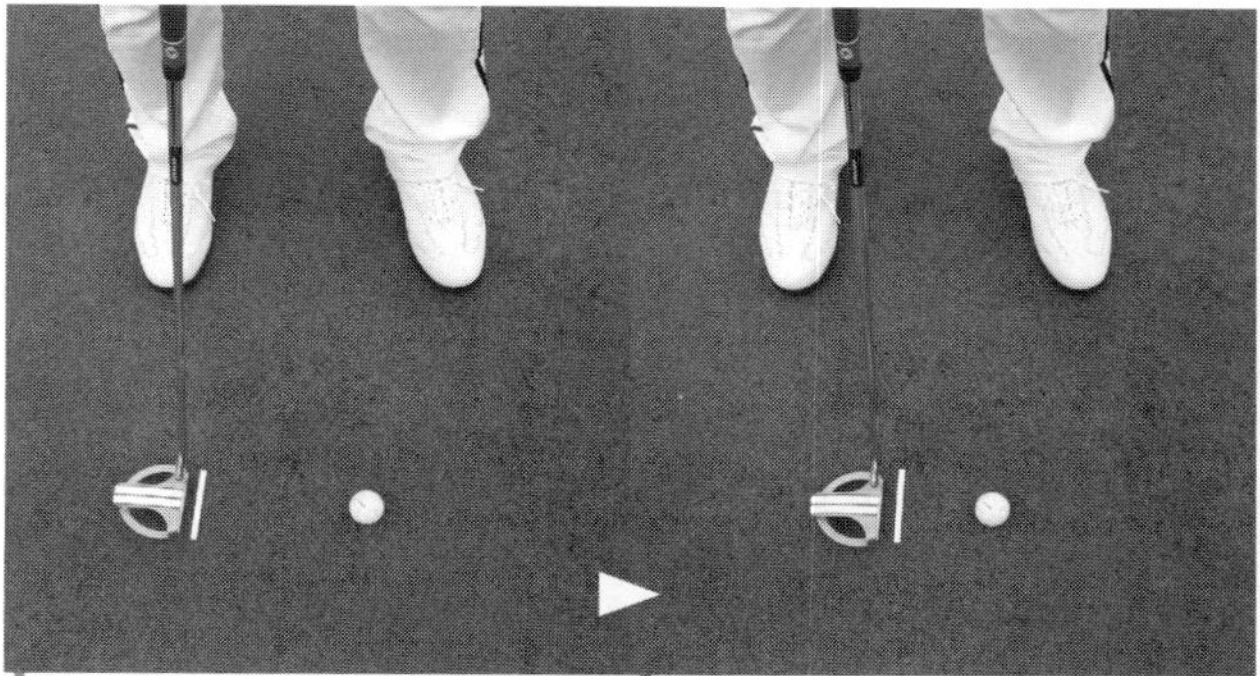

グリップエンドを支点にヘッドを動かすのではなく、ヘッドとグリップを平行に動かす

フェースは開くことなく、常にボールを向いたまま、インパクトに向かって動く

パッティングにフェースの開閉は必要ない

NO
やってはいけない

バックスイングでフェースが開き、フォローに向かって閉じていくというように、ストローク中にフェースの開閉が大きくなると、様々なミスにつながります。少しでもフェースが開いたり、閉じた状態でインパクトすれば、ボールはすぐに狙ったラインから外れてしまいます。特に肩の回転を使った振り子式のストロークは、フォローで右肩が前に出やすく、フェースの向きが変わりやすいのです。

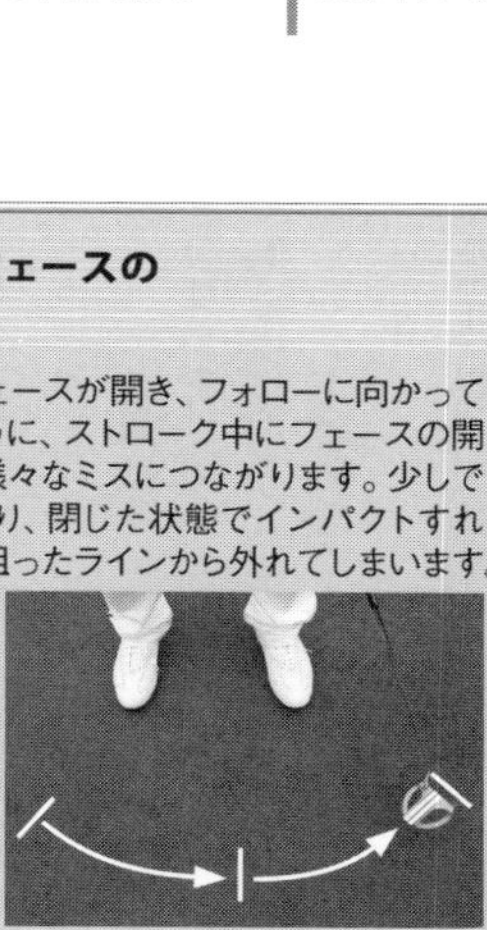

カップを見ながらの素振りで距離感がイメージしやすくなる

右手主体のストロークであれば、利き腕である右手の繊細な感覚を活かせるので、距離感は合いやすくなります。

ただし手でボールを持って投げるのとは違い、その感覚をヘッドに伝えて距離感を出さなくてはいけません。ただ漠然と感覚に頼っていては、なかなかタッチを合わせることができないでしょう。

パッティングは実際にストロークをする前に、どれだけイメージを明確にできるかが大切です。

たとえば、打つ前に素振りをするときは、ボールではなくてカップを見ながら素振りをすると、ボールのスピードや距離感をイメージしやすくなります。

もちろん素振りをするときも、右手、右サイドを意識することを忘れてはいけません。

またボールの後方からラインを見て、何歩でボールの横に立ち、2回素振りをしたらストロークする、というように打つ前のルーティンを決めるといいでしょう。

いつも同じ手順を踏むことで、リズムよくストロークできます。

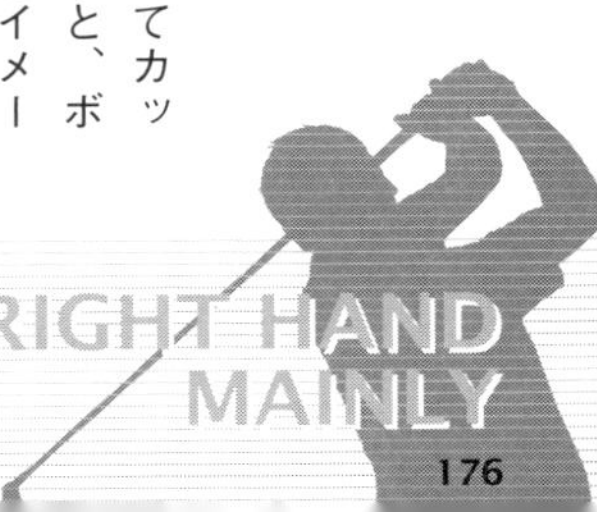

ボールではなく、カップを見ながら素振りして打つ

ヘッドの動きばかりを意識しすぎてはいけない

NO やってはいけない

プロのトーナメントなどで、グリーンでカップ方向を見ながら、右手1本でストロークするようにタッチをイメージしている姿をよく見かけるはずです。逆にアマチュアはストローク前の素振りをするときに、下を向いたままヘッドの動きばかりを気にしてしまいがちです。打ち出しが正しくても、距離感が合わなければ意味がありません。打つ前にイメージを明確にすることが大事なのです。

練習グリーンでは手でボールを転がしてみよう

ラウンド前に練習場でクラブを何本も持ち、必死にボールを打つアマチュアの姿をよく見かけますが、練習グリーンでのパッティングはスタート直前にパパッとやって終わりという人も多いはずです。

どんなによいショットを打っても、最後にカップにボールを沈めるのはパットです。せっかく本芝のグリーンで打てるのですから、時間をかけてじっくりと練習してほしいものです。

では、ラウンド前にどんな練習をすればいいのかというと、いちばん重要なのは、その日のグリーンのスピードをつかむことです。

練習グリーンに来たら、まずはパターを持たず、目標に向かって手でボールを転がしてみましょう。その感覚をしっかりとつかんでから、パターで実際に打ってみます。

ついカップに入れることにこだわりがちですが、ラウンド前の練習としては意味がありません。

グリーンの速さは日替わりです。短い距離ばかりではなく、長い距離も打ってみて、その日のタッチをつかむことに集中しましょう。

短い距離ばかりでなく、ロングパットの練習もしておくと、ラウンドで距離が合ってくる

朝の練習グリーンについたら、クラブではなく、右手でボールを転がしてみよう

右手でボールを転がしたときのタッチを確認したら、パターで打って感覚を合わせる

POINT ここに注目

打ちたい距離を3分割して素振りでタッチをイメージ

グリーンのタッチを合わせる効果的な方法として、私は打つ前の3回素振りをおすすめします。具体的にはカップまでの距離を頭の中で3分割し、1回目の素振りで3分の1、2回目で3分の2、そして最後にカップまでの距離を打つように素振りをします。こうすることで距離感が明確になり、タッチが合いやすくなります。練習だけでなく、実際のラウンドでもこれをルーティンにしてください。

パターの形状別、正しい打ち方、入れ方

パターの形状が違えば当然、その機能を活かせる打ち方も変わってきます。自分が使っている、あるいは使いたいと考えているパターがどんな特徴を持っているのか。それはバランスの取れる位置でシャフトを手のひらに乗せたときの、ヘッドの向きでわかります。

たとえばL字型のパターは手のひらに乗せるとヘッドのトウが下がります。逆に最近のネオマレット型はフェースバランスタイプのパターで、トウが下がらず、フェースが真上を向きます。ピン型はちょうどその中間になります。

L字型のようにヘッドのトウが下がるタイプは、ショットの感覚により近く、ヘッドの開閉を少し使う必要があります。

逆にフェースが上を向くフェースバランスなら、フェースの向きを変えずにストレートに動かすストロークが合います。

パットに型なしといわれますが、形状に合ったストロークをしてあげないと、どんなに高価なパターでも、その機能を活かすことができません。

ネオマレット型はフェースが完全に空を向く

フェースの向きを変えずに、ヘッドを真っすぐ動かす

ピン型もトウが下を向くが、L字よりも度合いは小さい

少しイントゥインに打つが、ストレートにかなり近い

L字型のパターはヘッドのトウ側が下を向く

ショットに近い感覚でイントゥイン軌道で打つといい

フェースバランスタイプはミスを助けてくれる

POINT ここに注目

私がおすすめする右手主体のパッティングは、フェースの向きを変えずにヘッドを低く長く動かすことで、安定したストロークを手に入れるという考え方です。その打ち方からいえば、ネオマレット型に代表されるフェースバランスのパターがもっとも適合するといえます。このタイプのパターはインパクトで芯を外しても、フェースの向きが変わりにくいので、ビギナーでもやさしく使えるパターです。

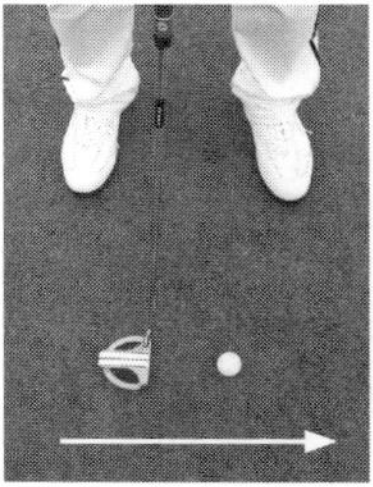

77

スライスライン、フックラインはボールの位置を変えるだけ！

　あたり前の話ですが、ゴルフ場のグリーンは平らではなく、傾斜やマウンド、芝目があって、完全にストレートなラインというのは、意外に少ないものです。

　スライス、フックといった曲がるラインをしっかり沈められるようにならないと、パット数を減らすことはできません。

　ここでは曲がるラインのカップインの確率を高めるコツを紹介しましょう。といっても、打ち方はまったく変えません。

　変えるのはボールの位置です。


　まずボールが右に曲がるスライスラインの場合、基本のボール位置より、1個分ぐらい左に寄せます。こうすることでボールが左に打ち出しやすくなり、ラインにも乗りやすくなります。

　逆に、ボールが左に曲がるフックラインの場合は、ボール位置を1個分スタンスの中央寄りに置けば、ラインに乗せやすくなります。

　フックは好きだけど、スライスが嫌いなど、得意なラインと苦手なラインがある人は、ぜひこの方法を試してみてください。

USE THE RIGHT HAND
MAINLY

スライス同様、しっかりとラインをイメージし、目標に打ち出すことだけに集中する

フックライン

フックラインはボールをスタンス中央寄りにセット。これだけでラインに乗せやすくなる

打つ前にしっかり軌道をイメージ。スライスラインはカップが視界に入りやすいので注意

スライスライン

スライスラインはいつもよりもボールを左に寄せれば、目標の左に打ち出しやすくなる

カップを気にしすぎると打ち出しが狂いやすい

NO やってはいけない

スライスやフックなどの曲がるラインが難しいのは、打ち出していく目標方向にカップがないからです。たとえばスライスなら、カップの左に打ち出していかなくてはいけないのに、どうしてもカップ方向に気持ちがいき、目標よりも右に出てしまうケースが多いのです。いわゆるアマチュアラインに外しやすいのはそのためです。アドレスに入ったら、目標ラインに打ち出すことだけに集中しましょう。

右手1本のパター練習で距離感を磨く

基本の7番アイアンスイングや、サンドウェッジのときにも紹介しましたが、パターでも右手1本でストロークする練習が効果的です。

プロのトーナメント会場に行くと、練習グリーンのあちこちでこの右手1本打ちをしているプロを多く見かけます。

この練習は、右サイド主体にストロークする感覚をつかむのに、最適なドリルです。

実際に右手1本打ちドリルをするときは、グリップを強めに握り、ヘッドとグリップを一緒に、地面と平行に動かす意識でストロークすることを心がけてください。

右手1本だけで打っても、意外にタッチが合うことに気がつくはずです。逆に、両手で握るよりもカップにピタピタ寄ってしまうという人もいます。それだけ本来持っている感覚を活かせていないということです。

右手1本で打ち続けると、体の左サイドの意識を消すという感覚も徐々につかめてきます。ラウンド前の練習グリーンでやっても、効果的です。

USE THE RIGHT HAND
MAINLY

右手1本で、グリップ、ヘッドを同じだけ動かす練習をする

タッチが合わないのは手首のゆるみが原因

NO やってはいけない

右手1本でストロークするときも、グリップはしっかり握ることが大切です。グリップをゆるゆるに握ってしまうと、手首が自在に動いてしまい、インパクトが強くなったり、弱くなったりして、タッチがバラバラになります。実際のラウンドで大きくショートしたと思ったら、次は大オーバーしてしまうといったミスが出やすい人は、グリッププレッシャーがゆるんでいないかをチェックしてみてください。

79

ボールの転がりを把握すれば距離感は自然と身につく

右手1本打ちのドリルで右サイド主体にストロークする感覚がつかめたら、その感覚を保ったまま、両手でグリップしてパッティングしてみましょう。

体の中心から左サイドの意識が上手に消せれば、同じ距離を何球打っても、タッチがバラバラになることはないはずです。

どうもタッチが合わなくて、パッティングの調子が悪いなと思ったら、右手1本打ちのドリルと両手打ちを交互に行なうようにするといいでしょう。徐々に右手で打つ感覚が蘇《よみがえ》ってきて、調子も戻ってくるでしょう。

また自分がストロークして打ったボールが、どんなスピードで転がり、どういう止まり方をするのかをしっかり把握しておくことも、距離感を磨く練習になります。

自分のボールの転がり方を知っていれば、打つ前にイメージをより明確にすることができます。

実際のラウンドでもボールが止まるまでしっかり転がり方をチェックしておけば、入らなくても次の1打に自信を持って臨めます。

USE THE RIGHT HAND MAINLY

右手1本ドリルの感覚を忘れないように、左サイドの意識を消してストロークしよう

打った後は自分の打ったボールがどう転がって、どう止まるかをしっかりと見ておく

安定したストロークは右手の角度がポイント

POINT ここに注目

パッティングのストロークを安定させるには、右手の手首がポイントになります。右手首の角度が変わってしまうと、フェースの向きやロフトの角度をキープすることができず、ミスパットにつながります。常にこの角度がアドレスから変わらないようにストロークすることで、ヘッドの軌道は安定してきます。右手1本で打つドリルをするときも、この右手の角度が変わらないように注意しましょう。

Miracle Tips for Improving 20 yards further

私のおすすめする右手主導の
ゴルフスタイルで
あなたのゴルフは
必ずよい方向に変わるはずです。

片山 晃

USE THE RIGHT HAND MAINLY

一〇〇字書評

切り取り線

購買動機（新聞、雑誌名を記入するか、あるいは○をつけてください）

- □（　　　　　　　　　　　　）の広告を見て
- □（　　　　　　　　　　　　）の書評を見て
- □ 知人のすすめで
- □ タイトルに惹かれて
- □ カバーがよかったから
- □ 内容が面白そうだから
- □ 好きな作家だから
- □ 好きな分野の本だから

●最近、最も感銘を受けた作品名をお書きください

●あなたのお好きな作家名をお書きください

●その他、ご要望がありましたらお書きください

住所	〒				
氏名		職業		年齢	

新刊情報等のパソコンメール配信を 希望する・しない	Eメール	※携帯には配信できません

あなたにお願い

この本の感想を、編集部までお寄せいただけたらありがたく存じます。今後の企画の参考にさせていただきます。Eメールでも結構です。

いただいた「一〇〇字書評」は、新聞・雑誌等に紹介させていただくことがあります。その場合はお礼として特製図書カードを差し上げます。

前ページの原稿用紙に書評をお書きの上、切り取り、左記までお送りください。宛先の住所は不要です。

なお、ご記入いただいたお名前、ご住所等は、書評紹介の事前了解、謝礼のお届けのためだけに利用し、そのほかの目的のために利用することはありません。

〒一〇一－八七〇一
祥伝社黄金文庫編集長　萩原貞臣
☎〇三（三二六五）二〇八四
ohgon@shodensha.co.jp

祥伝社ホームページの「ブックレビュー」からも、書けるようになりました。
http://www.shodensha.co.jp/bookreview/

祥伝社黄金文庫

奇跡《きせき》の20ヤードアップ　右手《みぎて》のゴルフ

平成25年7月30日　初版第1刷発行
平成30年5月10日　初版第4刷発行

著　者　片山《かたやま》 晃《あきら》
発行者　辻　浩明
発行所　祥伝社《しょうでんしゃ》

〒101-8701
東京都千代田区神田神保町3-3
電話　03（3265）2084（編集部）
電話　03（3265）2081（販売部）
電話　03（3265）3622（業務部）
http://www.shodensha.co.jp/

印刷所　光邦
製本所　ナショナル製本

Printed in Japan　© 2013, Akira Katayama　ISBN978-4-396-31616-7　C0195

祥伝社黄金文庫